CRACKING PHILOSOPHY

本书作者简介

马丁·科恩（Martin Cohen）是哲学、社会科学和政治学领域的畅销书作家，同时还是记者和编辑。他曾在英国和澳大利亚的一些知名大学教授哲学和社会科学，目前全职写作。

作为一名活跃的环保主义者，他在《泰晤士高等教育》（*Times Higher Education*，简称 *THE*）杂志上发表了一系列关于气候变化的政治辩论文章，颇具影响力。他还曾为欧洲议会撰写关于环境问题的讨论文件，并受中国政府邀请，讨论生态问题。他目前居住在法国阿基坦。

"知识新探索"百科丛书

THE CRACKING SERIES

CRACKING PHILOSOPHY

哲学的世界

[英]马丁·科恩(Martin Cohen) 著

凌岚 康婧 译

電子工業出版社

Publishing House of Electronics Industry

北京·BEIJING

First published in Great Britain in 2016 by Cassell, a division of Octopus Publishing Group Ltd.
Carmelite House
50 Victoria Embankment
London EC4Y 0DZ

版权贸易合同登记号　图字：01-2018-3249

图书在版编目（CIP）数据

哲学的世界 /（英）马丁・科恩（Martin Cohen）著；凌岚，康婧译 .
— 北京：电子工业出版社，2020.6
（“知识新探索”百科丛书）
书名原文：Cracking Philosophy

ISBN 978-7-121-38661-9

Ⅰ. ①哲… Ⅱ. ①马… ②凌… ③康… Ⅲ. ①哲学－通俗读物
Ⅳ. ① B-49

中国版本图书馆 CIP 数据核字（2020）第 037263 号

策划编辑：郭景瑶（guojingyao@phei.com.cn）
责任编辑：郭景瑶
文字编辑：杜　皎
印　　刷：天津画中画印刷有限公司
装　　订：天津画中画印刷有限公司
出版发行：电子工业出版社
　　　　　北京市海淀区万寿路 173 信箱　　邮编：100036
开　　本：787×980　1/16　　印张：25　　字数：336 千字
版　　次：2020 年 6 月第 1 版
印　　次：2020 年 6 月第 1 次印刷
定　　价：138.00 元

凡所购买电子工业出版社图书有缺损问题，请向购买书店调换。若书店售缺，请与本社发行部联系，联系及邮购电话：（010）88254888，88258888。

质量投诉请发邮件至 zlts@phei.com.cn，盗版侵权举报请发邮件至 dbqq@phei.com.cn。

本书咨询联系方式：（010）88254210，influence@phei.com.cn，微信号：yingxianglibook。

目录

前言

这本书的标题（Cracking Philosophy）有一种特殊的张力，这种张力或许会使一些读者感到不安。“破裂”既指“开裂”的原因，也指破坏、损毁的过程。我们是要用锤子击碎哲学优雅的外表，还是缜密计划，像专业盗贼那样小心翼翼地旋转哲学这个保险箱的密码锁？在哲学“破裂”之后，我们最终得到的会是像坚果一样的果实，还是一些珍贵的珠宝呢？

毫无疑问，答案当然是后者。尽管如此，在这个过程中，我们仍然要提出一些尖锐的问题，甚至打破一些关于哲学“是什么”，以及几个世纪以来哲学是什么样子的传统认知。请准备摒弃你的固有观念吧！对于哲学在生活中的实践，人们基本上墨守成规，如果想了解哲学领域重大命题的主要内容，这本书正是你需要的，因为无论怎样，我们最终会遇到许多无法解决的问题。这本书是随着时间的推移展开的，但时间并没有给哲学发展带来束缚。例如，古希腊数学家芝诺提出的关于运动的一系列哲学悖论与爱因斯坦的相对论，二者产生的时代不同，但将它们进行对比，似乎对我们很有帮助。在本书中，你会发现，这些相关论述会同时出现在一个章节里。这么做的好处是，每章都是独立的，任何部分在单独阅读时，也能读出味道，读出深意来。这样做唯一的缺点，便是某位哲学家的观点并非都是集中在一起的，很可能分散在不同章节中

1947年的爱因斯坦

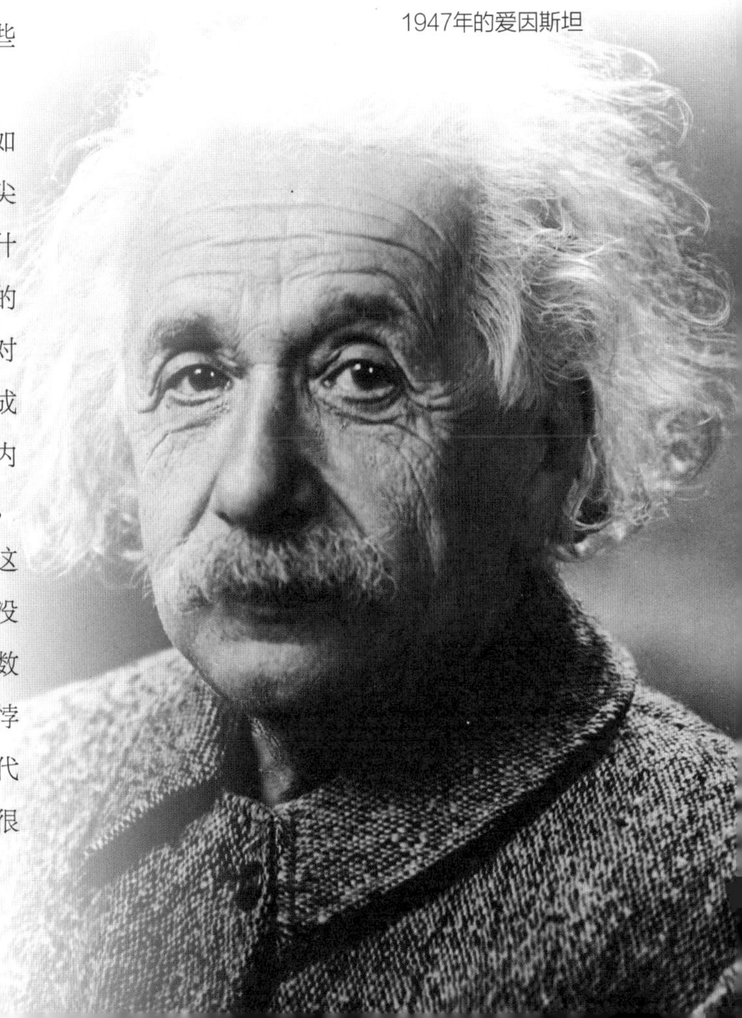

（后面的索引部分将这些材料重新组合起来）。

了解这一点，接下来就让我们开启一次“品味哲学”的轻松愉快的旅行吧，这本书将是你此行的向导。旅途首先从“神秘和令人惊奇的事”开始，但你绝对不会吃惊。第一章介绍了本书的重要命题，从古希腊的泰勒斯和巴门尼德的著作开始。实际上，正是这些大师造就了举世闻名的柏拉图，为其思想提供了重要的基石。柏拉图追随巴门尼德的“真理之路”，试图通过永恒的“真、善、美”来改变哲学。柏拉图受这些观点启发，提出“天体形态”理论，而天体或许是哲学中最神秘的实体。柏拉图为变动不居的宇宙创造了形态和秩序。

第一章也从西方视角对中国古代哲学进行了深入的探究。孔子、老子、孟子和庄子都提出了自己的哲学见解，当然各持己见，并未达成一致。后来的亚里士多德和柏拉图也是如此，虽然他们被认为是师生关系。

第二章讲哲学的“黄金时代”，着重讲了柏拉图的重要著作。柏拉图是哲学“黄金时代”的领军人物之一，他为后来的哲学辩论打下了基础。然而，柏拉图并不是那些概念的创始人。他代表了前辈的思辨成果，特别是继承了毕达哥拉斯的思想。但是，毕达哥拉斯学派的灵感又是从哪里来的呢？这一问题的答案，不能从传统历史范畴来解答，应该从更加国际化的视角来回答。毕达哥拉斯游历甚广，他从东方和埃及，还有波斯学者那里吸收了许多观点。

第三章探讨哲学与宗教的关系。近来，二者经常产生矛盾——与其说是一枚硬币的正反两面，倒不如说是势不两立的两个派系。然而，这两个激烈对抗的派系却有着隐秘的很强的共生关系。在哲学方面，居斯塔夫·福楼拜曾经说过，“少许科学就可以使民众远离宗教，而大量科学就会让人们回到宗教”。

西方哲学通常沉迷于同死亡相关的话题，这与其说是受基督教的影响，不如说是受更古老的神秘主义的影响。在柏拉图的对话体著作中，《申辩》一篇描述了漫长的死亡场面，这是苏格拉底面对“腐蚀年轻人，使年轻人不信上帝”的指控时，为自己进行的辩护。

宿命论和预言一直是中世纪哲学研究的一个重要课题。

另一种审视哲学伦理的方法，就是对“恶”的研究。这个研究领域的专家是两位圣徒学者——奥古斯丁和托马斯·阿奎那。奥古斯丁将其所有个人失败的重要细节进行了令人惊讶的生动描述，记录在《忏悔录》中。多亏奥古斯丁，我们才对“罪恶”有了些许认识——这一观点使新生儿也或多或少被认为带有“恶”。

托马斯·阿奎那是极负盛名的教会法典编纂者，负责裁决日常的实际问题，也负责在重大问题上表明立场，进行决策。他会决定“何时发动战争是正义的”，也会认定“圣人的名字是否真的写在天堂卷宗上”这样的事。从历史上看，托马斯·阿奎那的主要影响是其哲学主张：争论不应该建立在宗教信条上，而应该建立在因果关系上。这是哲学的一个重要进步，并为哲学进一步发展打下了基础，这些将在第四章到第六章做出详尽阐释。

这就是哲学的开始。哲学发展到今天，有了多种学科，在大学校园里被传授，被人们所熟知。自从笛卡儿开始（尽管他对中世纪的思想家做出了呼应），哲学家们开始对论点和思想进行理性分析。

从文艺复兴时期开始，哲学不仅是科学的奴仆，还是整个社会的奴仆。上流社会更多关注黑格尔、马克思和亚当·斯密著作中的观点。我们将在第七章“资本主义和理性的人”中详细进行阐述。

第八章“岔路口”将带领大家简要了解苦闷的叔本华、古怪的卢梭和诙谐的克尔凯郭尔在精神层面的观点。

源于哲学家对语言的研究，认为语言能够（并且应该）更加逻辑化，第九章“语言、真理和逻辑”，从另一个视角呈现出哲学极度枯燥乏味和抽象的一面。在这里，莱布尼茨、罗素和维特根斯坦开了个好头，这是审视亚里士多德作品的最佳时期，毕竟是亚里士多德最先撰写了关于哲学逻辑的著作，同时提出了语言方面的一些与众不同的观点。

德国哲学家亚瑟·叔本华

最后一章将介绍社会科学领域目前流行的一些哲学争论。从托马斯·库恩的观点来看，科学开始是通过范式转移而得出理论，这些理论涉及诸多意想不到的方法，而语言和文字可以捕获其要义。最终，我们在对神经系统的科学研究中寻找“人类如何思考”的答案，这让我们想起了16世纪的猜想：我们每个人不过是一台复杂的机器而已。

CHAPTER 1

第一章

MYSTERIES AND WONDERING: WHERE IT ALL STARTED—THE FIRST PHILOSOPHERS

神秘和令人惊奇的事孕育了早期哲学家

“必须记住，我们观察到的并非本质，本质是在质疑中暴露出来的东西。”

——20世纪物理学家维尔纳·海森堡

伦敦大英博物馆里，希腊哲学家苏格拉底、安提西尼、克利西波斯和伊壁鸠鲁的半身像（图中只出现三位）

哲学始于提问
困扰哲学的三大问题

什么是真理？

我应该怎么做？换个说法：什么是对，什么是错？

还有，什么是美？

19世纪的一座米利都的泰勒斯雕像

自从第一批哲学家将自然和所有人类事务都列入自己的专业范畴起，至今已经有三千多年了。然而，和三千年前一样，这三个问题至今仍在以同样的方式被争论，尽管哲学范畴内的许多其他问题已经停止了争论。

哲学家们喜欢无休止地讨论问题，并乐于反驳对方。经过多年努力，哲学家们已经找到了许多问题的答案。在这个过程中，有些问题的发展被认为已经超出了哲学范畴。米利都的泰勒斯，通常被认为是历史上第一位哲学家，而“科学家”可能是更适合他的头衔。他被人们记住，是因为他提出的一个著名论断：万物都基于同一种物质产生，而这种物质被认为是水。

泰勒斯和灵魂的磁性

米利都的泰勒斯（约前625—前545）因对数学和天文学的研究，成为古希腊七贤之一。

泰勒斯的成就之一便是成功预测了公元前585年的日食，那是在一场战斗中发生的日全食。当时，双方战士都停止战斗，认为这是神灵被激怒的征兆。另一个故事讲述他预测橄榄的好收成，提前租下了当地所有的榨油机。等到橄榄丰收时，他就通过转租榨油机获得了可观的收入。

在柏拉图《泰阿泰德》中，有个关于泰勒斯的尴尬故事。在他的描述里，泰勒斯因全神贯注观察星空而掉进了井里。

亚里士多德认为泰勒斯开启了研究“本质”的先河，即寻找实体超越其表面属性的特征。泰勒斯启发了亚里士多德对自然的研究，而不是开启进行假设的宏大理论阐释之路。泰勒斯的结论是，世界的本质是“水”，所以人类灵魂是一块“磁铁”，用一种无形的力量来移动躯体。

柏拉图表示，泰勒斯在观察星空时掉入井中。

真理之路

巴门尼德开创了西方传统哲学的先河——提出尖锐的问题，然后寻找答案，探索其中的定义——这种哲学传统后来因柏拉图而出名。柏拉图的演绎推理被誉为新时代的开端，成为其后期论著的重要基础。

生活在公元前5世纪初埃利亚的巴门尼德，试图用长篇散文诗来阐释其哲学思想，后人将之称为《论自然》。然而，这首诗的最贴切主题则是“真理之路”。

这首诗的重要哲学价值在于，它是第一个代表西方长期持续的哲学争论传统的例子。在诗中，巴门尼德将“真理之路”与“意见之路”进行了对比，前者只有通过反思才能到达永恒不变的宇宙，后者显然比前者差得多，体现传统东方哲学中的循环变化观点，从光明到黑暗，冷热相互转换。

用简短的语言来概括，可以这样理解：对巴门尼德来说，真理是“必须存在，不可能不存在”的。

这个真理即指存在的完整性，而他将现实描述为“永不动摇的真理之心”。

拉斐尔在16世纪创作的壁画《雅典学院》，画中有许多学者和哲学家，包括站立的身着黄色衣服的巴门尼德。

巴门尼德的诗歌
关于真理的片段2

来，让我告诉你
你们要听话，带它出去
这是可以想到的两种方法
第一个，也就是
它是
可能是任何东西，
是信念的方式
真理与之相伴

另一个，也就是
它不是
有些事情是不需要的
我告诉你，那是完全不值得信任的方式
因为你知道
那是不可能的
它不是

济慈将柏拉图的作品《希腊古翁颂》重新进行了创作。

柏拉图和真理

巴门尼德坚持终极“真理”，显然让柏拉图产生了很大的共鸣。柏拉图将巴门尼德的思想融入自己的理论，使这位年长的哲学家成为他至少三篇对话作品中的主角。

这三篇对话中的一篇便是以这位年长的哲学家的名字命名的《巴门尼德》；另一篇是《国家》；而第三篇则公开讨论真理的本质，名为《智者》。柏拉图后来追随巴门尼德的“真理之路”，试图用“真、善、美”来改造哲学。在柏拉图的对话作品中，真理是一束光，通过善和美向人类揭示世界的真相。柏拉图还将巴门尼德的长篇诗作改编创作成了散文，约翰·济慈又将柏拉图的作品改编创作为一首诗。约翰·济慈在《希腊古翁颂》（“1819年的几首伟大颂歌”之一，还有《慵懒颂》《忧郁颂》和《夜莺颂》）中写道：“美就是真，真就是美——这包括你们所知道和你们该知道的事情。”

芝诺以其悖论跻身于古希腊哲学家之列。

济慈通常被称为理想主义者。鉴于有各种各样的真理被提出——人本论，过去、现在和未来的短暂真理，事实真相、逻辑真相、推理真相，以及通过科学研究发现的——哲学家们认为需要有一系列不同的，甚至可能相反的标准来评价这些主张。

即便在今天，这听起来也很激进；实际上，这也是早期哲学家们争论和认同的东西。例如，芝诺用他的悖论，为我们提供了另一种看待问题实质的方式，展示出即使常识性的假设，也会让我们陷入荒谬之中。

芝诺悖论大部分是关于数字和几何学中的属性——特别是无穷大和零的奇特属性。这些都是数学概念，很容易给出循环的或者同义反复的解释。

芝诺悖论阐述了这种快速的未经思考的反应必然会导致矛盾的不合理的结果。

根据芝诺悖论，我们去思考阿喀琉斯为何不可能追上乌龟，以及“飞箭”为何在每一瞬间都是静止的。

芝诺悖论“飞矢不动”

芝诺的基本观点：从逻辑上说，一支箭不可能在空中飞行，永远无法到达目标。然而，在现实中，我们知道这是可以的。

这个悖论中的逻辑是，一个东西无法同时出现在两个地方。因此，当箭在空中飞行的时候，它在特定时刻只能出现在特定的唯一位置。

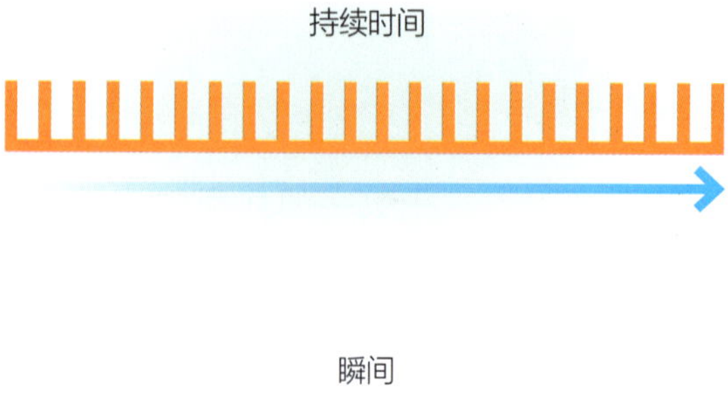

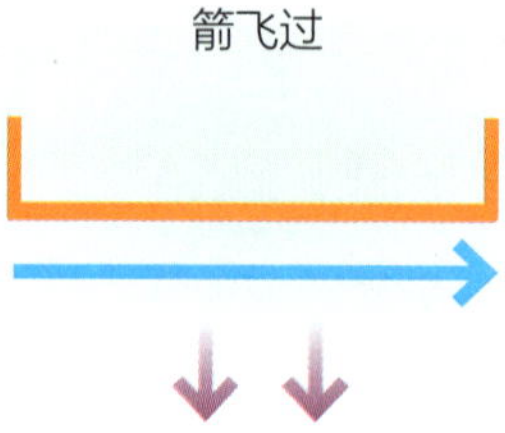

在任何时刻，箭都应该是静止的，并且下落。

如果这支箭在特定时刻，在某一位置的话，它就必须落到地上，因为没有东西能在空中静止不动。

如果我们试着将箭的飞行时间划分为更小的时间段，只会产生更多的问题，因为时间可以被划分为无穷个时间点。这就意味着，箭会有无穷个特定位置，在无限时间和无限空间中，箭肯定永远无法到达目标。

芝诺的谜语

一位当代教授，诺桑·S. 亚诺夫斯基（Noson S. Yanofsky），重新审视了芝诺的古老论点。他认为，对这些问题重复的数学回答，并不能解决深奥的根本意义上的哲学问题。举个例子，摆脱飞箭悖论的唯一方法是假设时间是由许多短小瞬间组成的，箭通过这些瞬间就会产生跳跃，就像连续的一幅幅图像那样。这样就摆脱了芝诺悖论，但在其他方面付出了巨大代价。

这是怎么回事呢？现代物理学是建立在时间是连续的这个事实基础上的。所有方程式都有一个连续时间变量，通常用 t 表示。但是，正如芝诺告诉我们的，连续的时间概念是不合逻辑的。

在日常生活中，数量无限的长度为零的点不会延伸得很远，也不会有无限的长度为零的时间段持续很长时间。但是，微积分是现代数学、物理学和工程学的基础，它就是依赖这种违反直觉的无限属性。

埃利亚的芝诺

何为真理

对哲学家来说，“真理”（truth）本身就是一个有问题的概念。19世纪末，尼采曾经说“没有事实，只有解释”，表达出透视主义的真理观。受到文化和语境的限制，不可能有真正的“真实”（true），这已经成为主流的哲学文化基因。因而，我们必须先从关于真理的问题开始。

希腊雅典科学院的柏拉图雕像

柏拉图（在《智者》中）说，如果按照事物的本来面目进行描述，就是真实的，这被称为“真理符合论”；而“真理融贯论”是说，只有符合其他框架时，才是真实的，如一个“真实”的数学命题。当然，几个世纪以来，柏拉图的定义毫无用处，但也没有得到改进。如果不是简单地用一种稍微不同的形式来表述问题，按事物原貌描述事物的意义又是什么呢？

19世纪，美国思想家威廉·詹姆斯提出了一种方法，即一个事物是有用的，它就是真的，这是一种实用主义方法，它确实被称为“实用主义”——即便是我们当中大多数持相对主义观点的人，也会对这

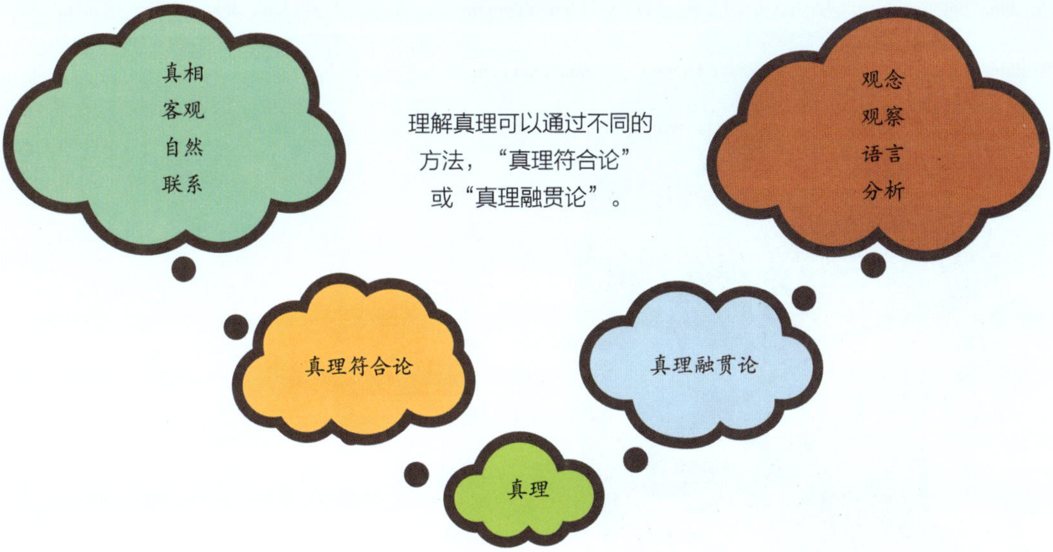

理解真理的框架

如果用真理符合论来理解真理的概念，真理就是关于事实的——事实是什么，事实不是什么。它是关于对我们所处世界的人性、自然、事物和关系的理解。

而真理融贯论使用的是完全不同的方法。在这里，真理从人类对世界的主张开始，建立在概念分析、语言、实践技能或专业知识之上。真理符合论满足于找到真理的一小块（例如，“我思故我在”），而真理融贯论则需要一个完整的系统，需要一个终极现实的完整愿景。

就常识和共识而言，在实用主义方法中，真理仅是人类的另一种建构，是一种发明，甚至是一种经验法则，其唯一正当性便是作为行动指南的有用性。

莫罕达斯·甘地理解真理的矛盾本质。

种做法感到不安。

如今，真理有时似乎戴上了手铐，被带到一个有软壁的牢房里，在那里遭到嘲笑，或者至少被限制在某种特定的、明确的情况下。

把真理视为启蒙、洞察和智慧的观点已经消失，转而由宗教承担这些高贵的使命。在目前看来，它并非在哪里都受到欢迎，其价值看起来是暂时的。

在历史、科学、语言和文化范畴中，真理都在发生变化。有研究揭示新的事实，而这些事实有待验证，当更多的新研究创造新事实时，旧的研究结果就有可能被修订，与新的研究结果一起被争论。真理具有强权性质，因而不受欢迎：真理不能被否定。“真正”的事实被强加于这个世界。

就像真理可以解放和启蒙世人一样，真理也可以被限制，轻易地被限制。哲学家莫罕达斯·甘地是20世纪印度民族解放运动领导人，他在《我体验真理的故事》中写道：

“真理的追寻者应该比尘埃更谦卑。世界把尘埃压在脚下，而真理的追寻者应该让自己谦卑到尘埃也可以把他们压碎。

“只有做到这样，他们才可能得到真理的一瞥。”

真理体系

“每个社会都有自己的真理体系，政治上的真理；也就是说，它的话语体系和话语权力是真实的。杰出的知识分子通常是作家：作为一个具有普世意识的自由主体，他与那些为国家服务的技术人员、行政官员和教师等知识分子形成对比。从每个个体的独立行为为政治基础服务开始，写作作为知识分子的神圣属性就消失了。写作在不同形式的知识之间建立横向联系，并在政治化的焦点之间转化。地方法官和精神科医生、全科医生和社会工作者、实验室技术人员和社会学家已经能够在自己的领域内，或者通过相互交流和支持，参与到知识分子政治化的全球进程中来。”

米歇尔·福柯《真理与权力》（1984）

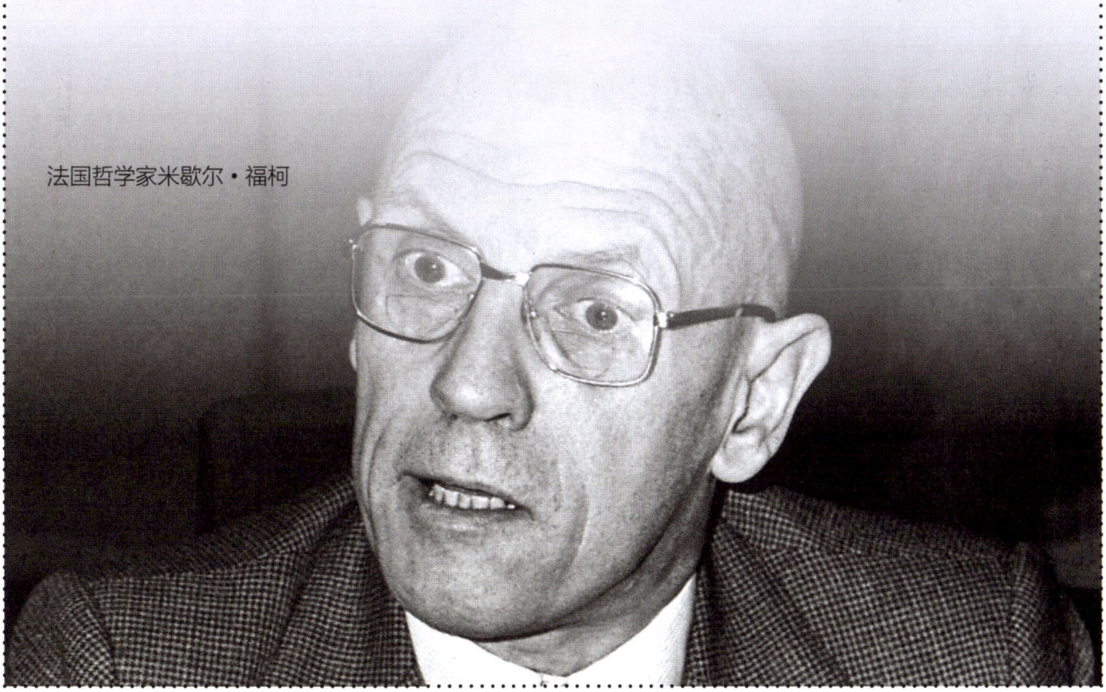

法国哲学家米歇尔·福柯

我应该怎么做

大卫·休谟的名言：“我们不能从‘是’推导出‘应该’。”无论休谟的话具体指什么，福柯指出，在现实中，“是”常常取决于其他未经验证的关于“应该”的假设。换句话说，古代哲学家是正确的，他们将道德标准放在了寻找智慧的起点上。

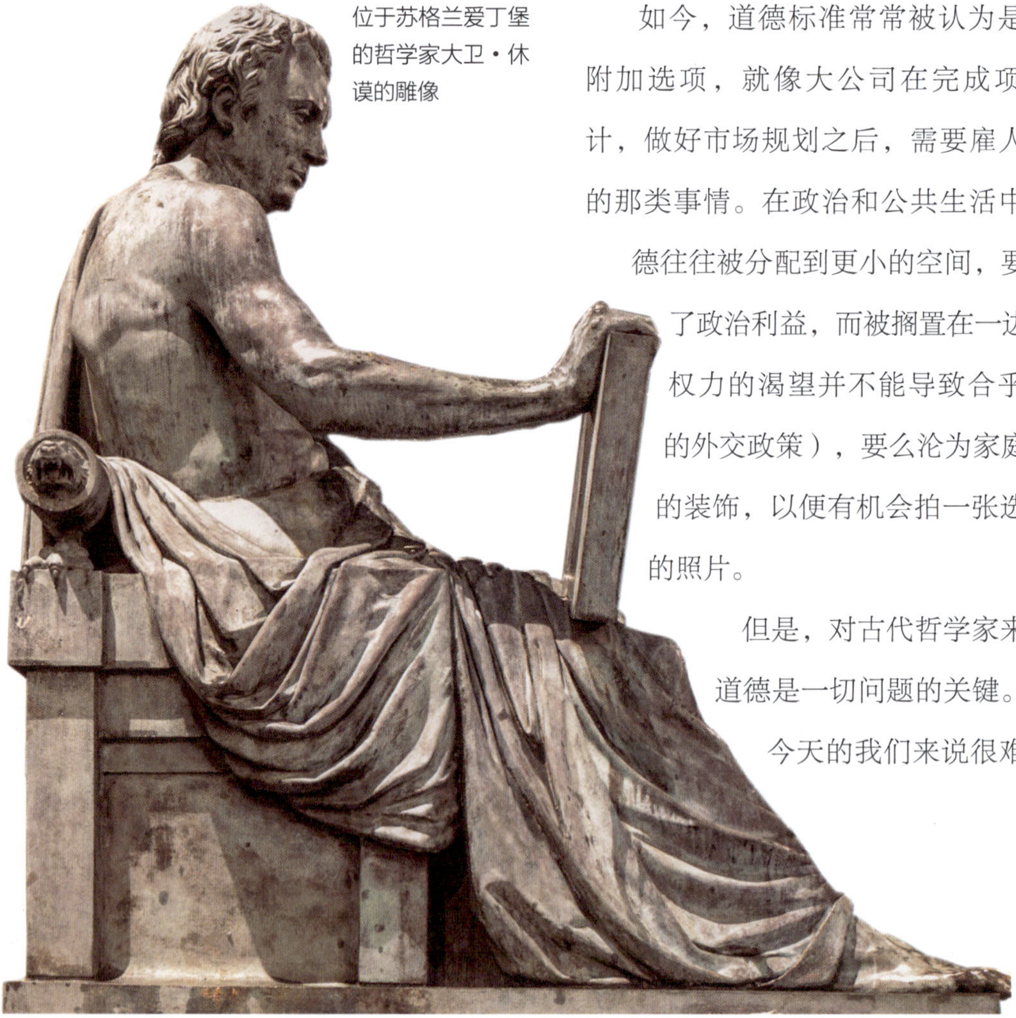

位于苏格兰爱丁堡的哲学家大卫·休谟的雕像

如今，道德标准常常被认为是一些附加选项，就像大公司在完成项目设计，做好市场规划之后，需要雇人去做的那类事情。在政治和公共生活中，道德往往被分配到更小的空间，要么为了政治利益，而被搁置在一边（对权力的渴望并不能导致合乎道德的外交政策），要么沦为家庭生活的装饰，以便有机会拍一张选举用的照片。

但是，对古代哲学家来说，道德是一切问题的关键。这对今天的我们来说很难，我

卡尔·马克思认同柏拉图善与恶的实践观点。

们生活在科技时代，依赖人类发明和创造的每个需求，因此很难真正理解为何道德是古代哲学家认为的最重要的东西。希腊人在其他问题上也留下了大量的思考，但历史往往会改写他们的关注点。但是，柏拉图对此毫不怀疑，正如马克思后来赞同的那样，对善与恶的研究，本质上是一项实践性研究。在柏拉图的对话作品中，善的来源是智慧，“善”被描述为一种揭示真理的光。柏拉图说，没有人会做坏事，除非出于无知。这是让人安心的，但它是真的吗？

做正确的事

有一种说法认为，做错事会让人变得不完美、不和谐。然而，谁会如此对待自己呢？柏拉图认为，这是匪夷所思的。亚里士多德在对大多数问题的看法上不认同他的导师，但接受了这一推论——他认为，通往道德健康的道路是寻求适度的一系列好的判断。例如：酒不要喝太多，奴隶也不要太多。

柏拉图最终是以苦行僧式的哲学导师形象呈现于世人——吃得很简单，回避戏剧和音乐；而亚里士多德是以英雄形象呈现于世人，是一个相当可怕的家伙。我们可以去看看他如何描述所谓“宽宏大量的人”。近年来，亚里士多德的观点被称为“美德伦理学”，在伦理学课程中开始复兴。斯多葛学派和以孔子（儒家）及道家为代表的东方传统哲学的观点认为，“美好生活”就是与自然和时间和谐，这与柏拉图和亚里士多德的方法（至少在当时的情况下）形成了鲜明对比。

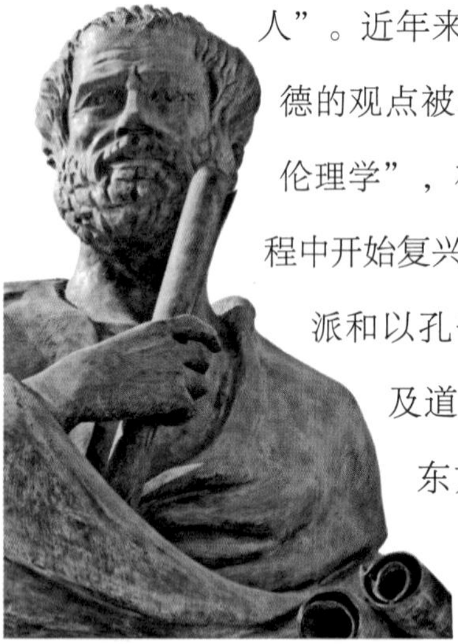
亚里士多德认为任何事都应该适度。

双方都避免了西方伦理的“对/错”二元论，因为认识到每件事都包含好和坏两个方面——这就是为什么道德决策如此困难的原因！

但是，亚里士多德后来的论述迎合了西方的新宗教权威，柏拉图也反对这种相对主义，更倾向于坚定而明确地将善与恶分开。正是这种信念使他们的作品在中世纪受到基督教会的喜爱。

“……那么，这就是宽宏大量的人；正如人们所说，一个过度消费和庸俗的人，其消费超出了正常范围。他在小事上花费甚多，显出不雅的浮华，认为自己因这些东西而受人尊敬。在该多花钱的地方，他花得很少；在该少花钱的地方，又花得很多。另一方面，小气的人在任何事情上都做不好，多花钱之后，在某种程度上会破坏结果的美感。不管正在做什么，他都会犹豫，考虑如何花最少的钱，甚至总是因想到自己把事情做得过度而悔恨……”

亚里士多德在《尼各马可伦理学》中描述了他的理想或“宽宏大量的人”。

在拉斐尔的壁画《雅典学院》中，柏拉图（左）与亚里士多德并行。

东方智慧

希腊人的著作可能被重新解读。无论出于何种原因，中国古代思想家都明确地将关注点放在实用上——对统治者来说，是如何管理国家；对被统治者来说，是怎么生存。

孔子、老子、孟子和庄子，为社会道德和社会政策提供了影响深远的见解。举个例子，庄子在每件事上都能看到好的一面。庄子有一个重要论点，即万物统一，对立两方面相互作用。庄子指出，“好”与“坏”有内在的相互关联，并可相互转换。所有事情都是如此。

斯里兰卡科伦坡的水中寺庙内的佛像

例如，庄子说，如果杀戮是错误的，当杀死一只野兔是拯救自己免于饥饿的唯一方法时，这还是错的吗？当然不是。不管怎样，杀人永远是错误的吗？如果那个人是一个想要杀死其他人的强盗呢？此时杀死他肯定是正确的吗？庄子的历史形象，关于他的书籍（不同来源）和诗歌作品，还有他的哲学论点，一直在东方广为流传。佛教吸收了庄子关于痛苦主要是拒绝接受“是什么”而导致的结果的观点，禅宗哲学反映出他对悖论或“以心传心”的理解。

在中国，庄子不拘一格和自由的理念被认为有助于“解放”人的思想，避免过于僵化的儒家思想的不利影响。

庄周梦蝶

“昔者庄周梦为胡蝶，栩栩然胡蝶也。自喻适志与！不知周也。俄然觉，则蘧蘧然周也。不知周之梦为胡蝶与？胡蝶之梦为周与？”（《庄子·齐物论》）

“庄周梦蝶”试图展示所有判断的相对性。庄子的结论是，我们应该努力超越有区别的世界。

16世纪水墨画《庄周梦蝶》

圣人

孔子是中国古代圣贤中的杰出者，他是一位哲学家，也是一位敬业的教师。据说，孔子总共有三千多门徒，其中七十二人具有影响力。

谦虚是一种美德，孔子把自己塑造成一个没有任何发明创造的文化传播者。事实上，他最强调的是向长辈和贤人学习——他理解并吸收了古代圣贤的思想。

孔子的学说在《论语》一书中被保留下来，这是后来中国教育、政治和道德伦理方面的理论基础。孔子在中国文化中的地位可以和苏格拉底、柏拉图在西方的地位相比。

儒家智慧被简化为格言；然而，从西方角度来看，这些简化的格言扭曲了儒家思想。

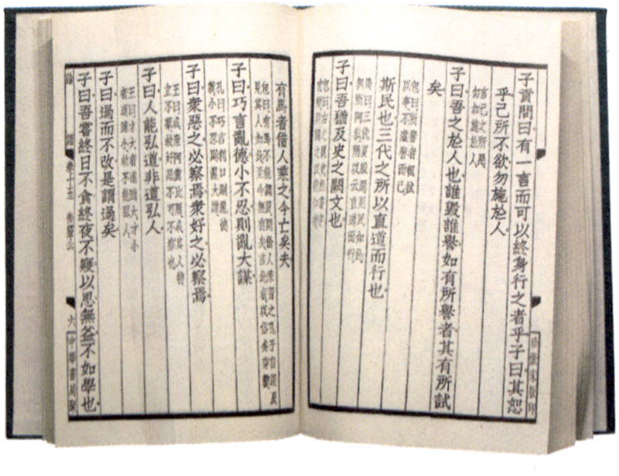

瑞典斯德哥尔摩远东古物博物馆展出《论语》一书。

在简化过程中，文字与其他事物的关联性丢失了。因此，儒家思想的精华对西方哲学来说难以理解。孔子的道德观和社会观主要围绕习俗和仪式展开，这些习俗和仪式是人类共有的。孔子时代的礼仪制度起源于西周（前1046—前771），持续了三百多年。孔子担心，随着时间推移，周朝君主的权力减弱，而诸侯的权力增强。孔子将颠覆传统视为导致社会灾难的原因。孔子和苏格拉底都有一个共同的目标，认为真正的智慧不能被视为一种肤浅的表面现象。

就像音乐不仅包括敲鼓和敲钟一样，

孔子认为，礼乐（礼仪和音乐）源于精神状态，并且创造出一种精神状态。人们在仪式中表现出虔诚的心态，在音乐中表现出幸福与和谐。

礼仪会滋养并增强人的美好品质，这也是西方哲学家耳熟能详的“美德伦理学”的观点，在历史上一直被认为是由伟大的亚里士多德提出的。

周武王

孔子的礼仪社会

孔子非常尊崇婚礼和葬礼之类传统仪式，将之视为道德社会的基石。他坚持认为，仪式本身没有任何问题，因为人们不再举行仪式，或在仪式中不够虔诚，所以才会导致问题出现。

对孔子来说，仪式的重要性取决于举行仪式的人的态度。人们应该对自己的行为有自信，以正确的、恰当的理由行事，并以正确的心态坚持下去。

例如，在进行哀悼时，要真正感受到对亡灵的尊敬是至关重要的。因此，当被问到传统仪式的根本时，孔子这样回答追随者：

“这确实是一个重要的问题。对于仪式，与其奢侈，不如节俭；对于葬礼，与其

孔子认为，如果没有正确的动机，任何人做的事情都是没有价值的。

办得周全，不如内心深深地感到悲伤。”（《论语·八佾》：“大哉问！礼，与其奢也，宁俭；丧，与其易也，宁戚。”）

这种对人们真实信仰和动机的关注，实际上是相当具有民主特色的——与当时的法家形成了鲜明对比。法家学说主张用严厉的刑罚使群众服从。

孔子表示：

“政府用政令来引导，用刑罚来规范，民众会避免做出不当行为，但不会有廉耻之心；用道德引导，用礼制来规范，民众会有廉耻心，遵守规矩。”（《论语·为政》：“道之以政，齐之以刑，民免而无耻；道之以德，齐之以礼，有耻且格。”）

中国台北市的孔庙

孔子和音乐

孔子为后人留下了智慧的言论，他还弹琴作歌，表达自己的心声。孔子在诗歌方面的主要成就是编订了《诗经》。

孔子作为音乐家的形象，是通过后人对他的生活故事的叙述建立起来的。孔子对音乐的重要性有清晰的认识。他坚持“兴于诗，立于礼，成于乐”。

对孔子来说，音乐不仅反映了人的感情，还塑造人的性格。这是因为音乐的本质是和谐的，可以进入人的心灵和灵魂的隐秘角落。

孔子和苏格拉底一样，坚持认为人性本善：人性开始是平和的，被外部世界扰乱，受到诱惑，产生各种欲望。

当欲望没有被适度控制时，我们就失去了真正的自我，理性被蒙蔽。这样，社会很快就会产生各种罪恶现象：反叛、违抗、狡诈和欺骗，以及普遍的不道德行为。简而言之，这就如英国哲学家托马斯·霍布斯在两千多年后所说的“混乱”。

宋徽宗听琴。

孟子继承了孔子的衣钵

被称为儒家“亚圣”的孟子认为，如果人性只是天性，那狗性和牛性就没有什么不同，牛性和人性也没有不同。

孟子解释了人性的道德品质，宣称它本来是好的。他指出，有人看到一个孩子要掉进井里，会去救那个孩子。这不是为了得到孩子父母的赞赏，也不是为了寻求其他邻居的认可，更不会因为不去救孩子会受到责备。这是出于人类本性的自发反应。

由此可见，同情、悔恨、礼让和是非观念，是人性、正义、礼仪和智慧的开端。孟子坚持认为，这些美德不是从外部吸收的，而是根植于人性。不幸的是，许多人无法发觉它们。

孟子叹息：“有人鸡和狗丢失了，知道去寻找；而本心丢失了，却不知道去寻找。”（《孟子·告子上》：“人有鸡犬放，则知求之；有放心，而不知求。”）

孟子认为人性本善。

抚慰人心的音乐

托马斯·霍布斯生活在17世纪，其创作内容涵盖一系列学科，包括科学。他生活在英国内战的混乱年代，因在政治哲学和社会科学方面的建树，广为人知。

托马斯·霍布斯经历了英国历史上最令人感到痛苦的一个时期。

托马斯·霍布斯在让贪婪的大众恢复理性方面，并没有什么灵丹妙药；而中国的圣人孔子却有一个绝妙的方法，那就是音乐。孔子认为，音乐源于灵魂的内部运动，好的音乐对恢复平静和秩序有很好的效果。

“这位圣人试图通过重新发现人性来创建人类心灵的和谐，并试图将音乐作为完善人类文明的一种方法。一旦这种音乐盛行，人们的思想被引导到正确的理想和抱负时，我们就会看到一个伟大国家的诞生。”

孔子也这么认为，也许更乐观。当然，孔子并不会以同样的态度认可现代音乐。在海湾战争期间，坦克部队在战斗中播放说唱音乐，是为了点燃杀戮的激情，与前者所言，完全是两回事。在孔子看来，音乐训练是改变人的道德品质，保持社会安定和良好秩序的最有效的方法。

圣人一生

孔子出生在鲁国的陬邑（今曲阜），属于现在的山东省。在孩童时期，据说孔子非常喜欢在供桌放上礼花。他的第一个职务是在鲁国担任行政官员，很快升任大司寇（司法部长）。他以公平、礼貌和热爱学习而闻名。他向道学大师老子学习礼仪，向苌弘学习音乐，还向乐官师襄学习弹琴。

在50岁的时候，孔子放弃了在鲁国的政治生涯，开始周游列国，寻求“道”，试图将当时的统治者变为他的政治信徒，但最终没有成功。

12年后，孔子回到家中，他的余生都在教学和编辑古代经典著作。作为“无冕之王”，他试图与门徒分享自己的经历，将古老的智慧传递给后代。孔子去世时72岁。

孔子在做教师前是一名官员。

道和道家学说

孔子和柏拉图在许多问题上属于同一阵营，但在音乐问题上有较大分歧（柏拉图想禁止音乐）。中国当时的另一位“圣人”——老子（约公元前6世纪），在历史上也被认为是柏拉图的东方“孪生兄弟”。

老子是道家学说经典《道德经》的作者，其学说的中心思想是，一切事物都有自身的发展规律——“道”。人类也有自己的“道”，要顺应趋势。这并不是消极和被动。在这种哲学思想的指导下，“道”对极小和极大的事物都适用。

道家学说或许是中国哲学的核心思想，在古希腊作品中也有相关记载。尽管如此，传统西方哲学依然不承认它在严肃哲学理论范畴内的历史价值。对于《易经》（约公元前900年），孔子说它包含了宇宙最深奥的秘密，激发出宇宙各种运动的力量（《易经·系辞》：“《易》，其至矣乎！”“夫《易》开物成务……”）。这在本质上是对道的研究，以及如何理解这个世界。

中国广州市圆玄道观

老子骑牛出关。

老子西出函谷关

老子不满周王朝的统治，决定周游列国。他骑着一头牛，可能是一头水牛。在边境上，有一名守卫认出老子是“圣人”，拒绝让他通行，除非他把自己的智慧写下来。老子非常明智，在短短几周内写完了5000多字的《道德经》。

《道德经》第二十五章这样写：

有物混成，先天地生。

寂兮寥兮，独立不改，周行而不殆，可以为天下母。

吾不知其名，强字之曰道，强为之名曰大。

什么是道

“道冲，而用之或不盈。渊兮，似万物之宗。挫其锐，解其纷，和其光，同其尘。湛兮，似或存。吾不知其谁之子，象帝之先。”

——《道德经》第四章

老子在中国被尊崇为圣人之一，在西方却鲜为人知。许多哲学著作完全忽略了他，而他又被众多的信徒崇拜。这一点让西方人很难理解。对于认为老子并非不朽的神灵（即现实中存在）的人来说，老子出生在公元前6世纪的楚国。

传说，老子对周朝社会失望，决定离开，阻止他出关的守卫被他的思想征服，跟随他一起离开，再也没有人见过他们。当然，他们是在老子写下《道德经》后离开的。已知最早的老子的手稿副本可以追溯到公元前2世纪，但对许多人来说，《道德经》具有神圣的起源。老子不仅被尊为作家和先知，甚至被当成神仙。中国哲学把思想和行动看作一种活动的两个方面，就像一枚硬币的两面。《易经·系辞》中说：“易有太极，是生两仪。”后世的太极拳，就是源于老子的道家思想，追求“天人合一”，让人的思想与行动能够统一。

“太极拳”是一种追求“天人合一”的武术运动。

中国福建省清源山风景区的老君岩

《道德经》

无论源于什么，《道德经》都是一个巨大的思想宝库，用诗的方式简洁地表达出哲理。

人之生也柔弱，其死也坚强。
草木之生也柔脆，其死也枯槁。
故坚强者死之徒，柔弱者生之徒。
是以兵强则灭，木强则折。
强大处下，柔弱处上。

美学、艺术和美

哲学家们对“美”的看法很多，共识却很少，这是司空见惯的事情。在桌子和雪的颜色等问题上，他们也几乎没有什么共识。有人说，评价美是一种审美判断，还有人不这么认为，争论至今还在持续。

有人说，美是一种定义，又是一种“客观”反应，就像柏拉图对“美”的“理想形态”的认识；还有人认为，这完全是主观的，而且是在认真考虑之后得出的结论。如果是后者，那么美就是纯粹的感官反应问题。然而，从古典时期开始，美的标志就被认为是和谐、均衡和统一。“审美”一词来源于希腊语“感知”，最初应用于用感官感知的事物，而非思想对象。在艺术哲学中，因涉及对品位的批判和对美的欣赏，这一术语的含义现在演变得较为狭隘。古代哲学家把美和善联系在一起。然而，这是一个关联三角形的一部分，因为还需要有技巧。从这个意义上说，不管美国抽象表现主义画家杰克逊·波洛克认为他的艺术表现如何，美都不能通过泼洒油漆来获得。

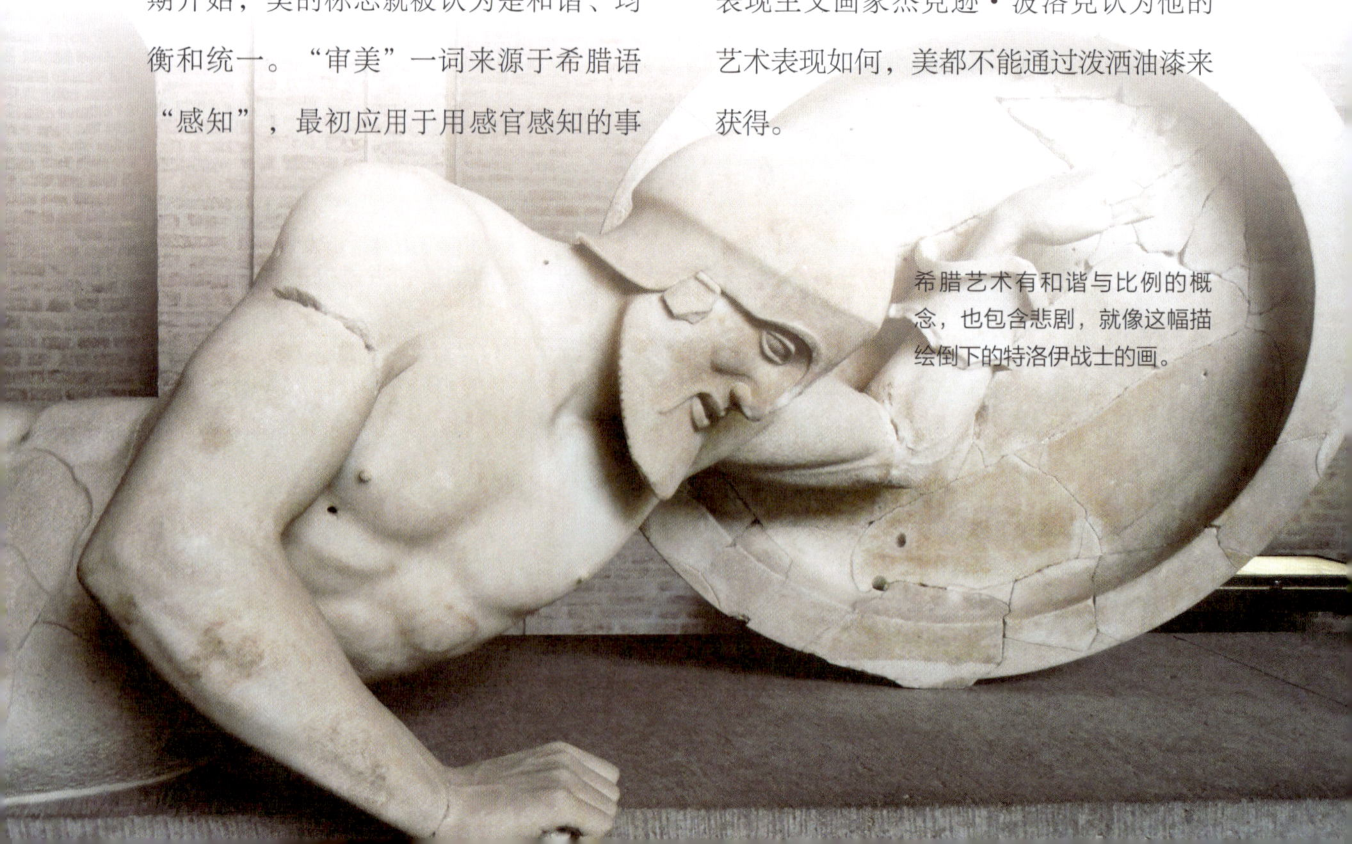

希腊艺术有和谐与比例的概念，也包含悲剧，就像这幅描绘倒下的特洛伊战士的画。

美与美德

“Arete”是一个古希腊术语，指卓越、善良和各种美德，尤其是那些被认为具有男子气概的表现，例如在战斗中杀死许多敌人。Arete体现的美德无疑是具有崇尚武力特征的。因此，（在《申辩》中）苏格拉底（现在几乎被重新塑造成了一位世俗的圣徒）想要向雅典人证明他的美德，却大声夸耀自己在战斗中的勇气（而不是他的思想）。

希腊短语“kalos kai agathos”（美和善）是荷马史诗中对英雄的标准描述。柏拉图对美的本质的最重要的解读并非归功于苏格拉底，而是智慧女人狄奥提玛。在《会饮》中，她向年轻的苏格拉底建议：

曼提尼亚妇女狄奥提玛

“从个别的美开始探求一般的美，你一定能找到登天的阶梯，一步步上升。也就是说，从一个美的形体到两个美的形体，从两个美的形体到所有美的形体，从形体的美到体制的美，从体制的美到知识的美，最后再从知识的美上升到仅以美自身为对象的学问，最终明白什么是美。”

女性定义了美

值得注意的是，柏拉图把他最著名的理论，即形式或思想的理论，归功于女祭司和哲学家狄奥提玛，从而把这个女人置于西方哲学的核心。

狄奥提玛的理论在很大程度上具有普遍性，她经常被认为影响了柏拉图对爱情的看法。我觉得，这仍然是一个重要的话题。这是她（在柏拉图《会饮》中）对爱情的洞察：

“根据希腊神话，人类最初是由四只胳膊、四条腿和一个有两张脸的头构成的。由于害怕人类的力量，宙斯把人类分成了两个不同的部分，罚人类为寻找另一半而消耗自己的生命。‘爱’是我们追求整体的名称，是我们追求完整的愿望。”

狄奥提玛是西方哲学的核心。

我们回忆一下中国古代孔子的教义。为捍卫隆重举行葬礼的传统，像孔子提倡的那样，孟子说：

“在古代，曾经有人不埋葬亲人。当亲人去世时，他只是把尸体扔进河沟里。后来经过时，他看到尸体被狐狸啃食，或者生了蛆，被苍蝇围绕。他无法忍受这一幕，心中无比难过。他匆匆赶回家，拿着篮子和铁锹，用土把尸体盖住。如果将尸体遮盖，对古人来说是正确的，那么现在对一个孝子来说，为父母举行葬礼也是非常正确的。”（《孟子·滕文公上》：“盖上世尝有不葬其亲者。其亲死，则举而委之于壑。他日过之，狐狸食之，蝇蚋姑嘬之。其颡有泚，睨而不视。夫泚也，非为人泚，中心达于面目。盖归蔂梩反而掩之。掩之诚是也，则孝子仁人之掩其亲，亦必有道矣。”）

在这里，孟子将伦理与审美的“厌恶”联系在一起，从而强调了哲学第三个支柱的重要性——对美的研究。

柏拉图直接将美与真理进行联系，逐步产生历史哲学“三部曲”：真、善、美。但是，美与真理和美德的关系到底是什么呢？数学家乐于看到数字之间的某些关系比其他的更美，而美德和美的方程式触动了人类心灵深处。这正如大卫•休谟在《论趣味的标准》（1757）中指出的：“当时看来，在所有变幻无常的品位中，都有一些普遍的被认可或批判的原则，它们会影响大脑所有活动。”

对美的追求

在关于美貌、秩序、和谐和设计的质询中（1725），弗朗西斯·哈奇森（1694—1746）认为，承认一个物体是美丽的，是将其特殊的美学品质与事实或经验的属性区分开来的问题。一个物体的美丽，在于它以某种特定方式影响观察者的能力。

亚瑟·叔本华

不同类型的艺术（流派）会让人产生不同的反应，如戏剧中的喜剧、音乐中的异国特色等。这表明人的情感或审美反应不仅取决于对象本身，还取决于观察者关注的内容。德国哲学家叔本华说，要想感受美，就需要认识到“每个事物都有独特的美，不仅是所有有机物，在个体的统一中表达自己，所有无机的、无形的，甚至用机器制成的东西都很美”。但是，叔本华认为，在普通的事物中包含所有特别的例子：“在这样的沉思中，特定事物立刻变成了物种概念，而感知的个体变成了纯粹的知识主体。”同样，英国艺术评论家约翰·罗斯金（1819—1900）将精神核心与所有美的事物区分开来。

美和逻辑

康德在《判断力批判》（1790）中讨论了美，认为美取决于外表，在于形式和设计。康德认为，在视觉艺术中，美不是颜色，而是由颜色组成的图案；在音乐中，美是声音之间的关系，而不是音色或音调的关系。

这样的艺术观在19世纪具有很大的影响，而20世纪的艺术作品更关注事物本身，以及对艺术和美的传统观念的挑战。大卫·休谟曾经被认为是价值判断的骗子，他甚至认为美从情感中产生。总的来说，这是一种被普遍接受的观念。尽管如此，随着时间的推移，一种非常不同的方法逐渐占据主导地位：逻辑和数学。

普鲁士哲学家伊曼努尔·康德

CHAPTER 2

第二章

THE GOLDEN AGE OF PHILOSOPHY

哲学黄金时代

“……让我们把先前在理念上创造出来的基本结构形式分配给四种基本元素[1]。将正六面体（正方体）分配给土元素，因为土是四种基本元素中最稳定的，也是所有物体中最可塑的，作为最具有稳定结构基础的物体必然呈现这样的特质。”

——柏拉图《蒂迈欧》

中世纪时期，卡尔西迪斯（Calcidius）将柏拉图的《蒂迈欧》从古希腊语译为拉丁语。

① 柏拉图在《蒂迈欧》中提到的四种基本元素是水、土、火、气。本书脚注均为译者所加。

stationes ceterae quae ab aliis motus uocantur. Item obscurationes effulsionesque et repentinas
obscurationum et porro differentiae [illegible] Quae animaduersa [illegible] ... porro
longe excelsa et eminens spera quae aplanes dicitur. Sub qua positae sunt sperae planetarum ita ut supra demon
stratum ordine. Proximus est lunae globus qui est infimus, proximusque terrae. Cuius altera solo lumine obstare stel
lis. [illegible] quam [illegible] et aliquando [illegible] ad directam lineam se obiecerit obum
brare. Sol autem cum luna nunquam obstat alias stellas superiores cuius fauore [illegible] ut cum proximus
factus luminis sui claritudine [illegible] lucis [illegible] ut cum [illegible] uisui nostro refulgeat. Stilbon uero et Lucifer
et superiores a uisu nostro stellas interposita remouent. Et plerumque sibi inuicem obsistunt propter mensuras non aequas
obliquationesque orbium et positionum diuersitatem. Superiores uero inferiores [illegible] facile. Mercurii proferre
difficile et [illegible] propter inseparabilem prope concursum comitatumque Solis. Quippe mercurius minimo corpore
exiguoque igne soli magis proximus adhaerensque eiusdem inflammatione obumbratur. Mars uero superpositas plane
tas plerumque [illegible] Fenon quoque summus ab obsistentia sibi occultetur phenonte. Et omnes planetae [illegible]
sibi ad directam lineam [illegible] stellas obumbrant. Luna autem diametro a sole distans et incurrens umbram
terrae obscuratur. Nec tamen omnibus mensibus sit ne omni quidem coitu hoc eueniat
luna solis obumbratione incurrit aut omni plena perfectaque luna lune labo
rant obscuratione propterea quod circulorum nimia obliquatione a se inuicem diffe
rant. Quippe sol sub ipsa libra mediante signifero orbe modice uocatur ferri
reflectitur ad dimidium ferre momentum declinans uel in austrum uel in aquilonem. At uero
luna ut asseuerat hypparcus uero utrimque momentis [illegible] Igitur si utrique
orbes [illegible] uel planos et sine ulla soliditate tam solis quam lunae considerauerimus
animo positosque aduersum se [illegible] positione ut [illegible] orbes [illegible]
linea spatium duobus planis orbibus insignat. Terra diametrus ambos [illegible] linea
[illegible] superior pars scandens proximum circulum catabybazon appellatur. Linea uero secans
superior [illegible] maiorem orbem anabibazon. Quare si coitus solis et lunae fuer
uerint ius et uelut appendiculae [illegible] tempore proximus sibi factus ex con
cursu corporibus obiciet se ante uisum nostrum et obstabit angustum uidendi obstacul
tantum luna lucemque solis a nobis arcet minor licet multo maiorem obtegens
obiectu proptereaque angustum oculorum nostrorum [illegible] Si uero appendiculum coitus
erit factus terrae [illegible] quae interualla terrae [illegible] porro uigore declina
bunt aliquatenus ita ut alter ignium ad aquilonem alter uero ad austrum
uergat nulla obscuratio fiet.

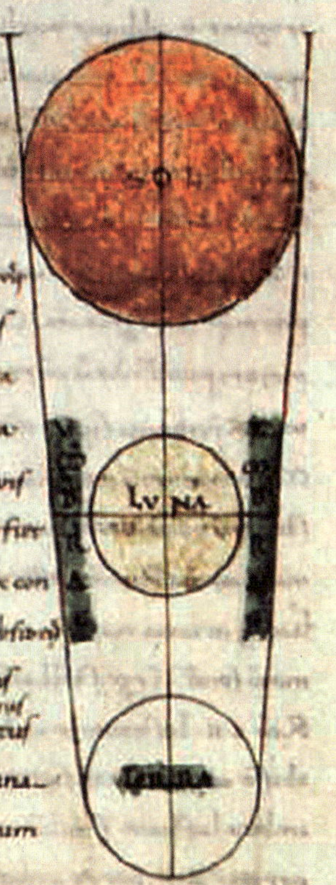

[illegible] fiunt defectiones sic demonstratur. Quod quidem cum incurrerit umbram terrae deficere uide
atur. Constat apud omnes sed cur non semper aut omnibus mensibus hoc dicendum. Ignium lucem [illegible] directas fe
runt umbras obiectorum corporum formantes uarias figuras. Ergo cum ignis lucem [illegible] aequalis erit
corpori [illegible] sed cum ignis quam corporis globosi erit forma. Verbi gratia [illegible]
[illegible] cylindri [illegible] lucem afferentis et luminantis A B. Quod uero illuminatur Γ Δ [illegible] aequalia sint

柏拉图立体

哲学黄金时代的中央舞台设在古代雅典，而主演明星毋庸置疑是柏拉图和亚里士多德。但是，许多被称为“希腊哲学家”的配角根本不是希腊人，而是非洲人或土耳其人、意大利人。

地中海是思想和文化的大熔炉，这里有来自意大利埃利亚的埃利亚学派。这个学派由哲学家和诗人巴门尼德领导，最著名的成员是芝诺，提出了几个关于时间和运动的悖论。

在巴比伦和亚历山大诞生了用来建造金字塔的数学成果，以及被科学界和哲学界采用并沿用至今的逻辑和系统证明方法。为展示丰富的几何事实，欧几里得在《几何原本》中设定了诸多定义和明确的假设，这本著作在后来的一千年里都象征着哲学家期望的纯粹知识。

在萨摩斯岛公国，毕达哥拉斯坚信所有知识都是关于“数字”的。除了对学校数学课的模糊记忆以外，毕达哥拉斯这个名字对你来说可能没有多大意义。但是，如果人们常说西方哲学著作都是柏拉图思想的脚注，那么也应该承认柏拉图的著作都是毕达哥拉斯思想的脚注。

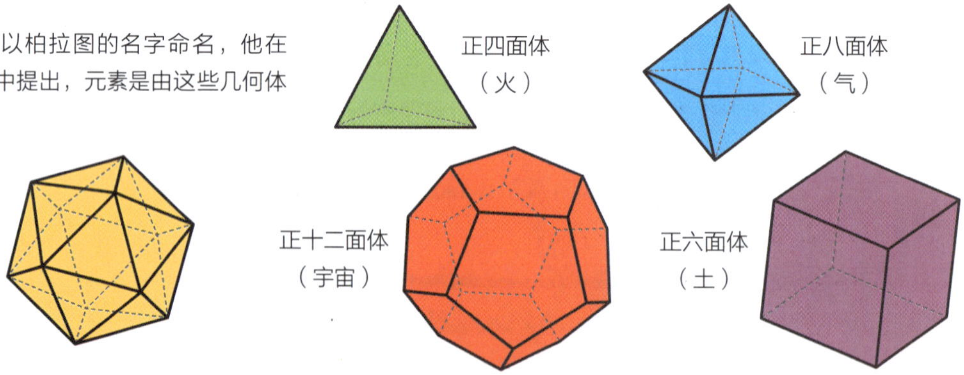

柏拉图立体以柏拉图的名字命名，他在《蒂迈欧》中提出，元素是由这些几何体组成的。

柏拉图“小抄”

著名哲学家柏拉图是一位不露声色的博采众长的作家。他有时喜欢引用两个相反的观点，让后来的学者猜测他到底相信哪一个。如果没有柏拉图，我们就不会了解毕达哥拉斯的思想（这些思想当时是令人难以置信的）：人类重要的观念是我们的脑海中固有的一部分；男女平等；自然之书（用牛顿后来的说法）是用数学作为语言来写的。毕达哥拉斯的很多观点被柏拉图作为向“卫国者”[①]推荐的生活方式，写进《理想国》中，例如财产应该是公有的，人们应该共同生活。

柏拉图的一些“小抄”

- 毕达哥拉斯认为学习的本质是回忆。在柏拉图《美诺》中，“奴隶童子”就是这样回忆起以毕达哥拉斯名字命名的几何定理。
- 毕达哥拉斯认为，人熟知某种事物，就会变得像这种事物。柏拉图在《高尔吉亚》中表达了这一点。
- 在《蒂迈欧》中，柏拉图直接用了毕达哥拉斯的口吻：用音乐和声来描述宇宙；物质由几何形状组成，尤其是三角形。五种立体形状代表四种基本元素（火、土、气和水）和宇宙（正十二面体）。
- 在《斐多》中，柏拉图写道：“哲学是为死亡和不朽所做的准备。”

① 柏拉图将理想国的公民分为三个阶层：治国者、卫国者和劳动者。

为死亡做准备

毕达哥拉斯学派认为，生命就是为死亡做准备。值得注意的是，柏拉图描写苏格拉底饮下毒酒时邀请朋友与他共坐，将其生命的落幕描写成令人振奋的故事，而不是现代作家认为的那种催人泪下的“悲剧”场景。到底谁是正确的呢？

今天，人们强烈谴责当时判处苏格拉底死刑的雅典人。但是，苏格拉底当时其实有很多选择，可以宣布放弃自己的观点，也可以离开雅典。他最终选择喝下毒酒，更像是自尽，而不是被处决。

或者，这种死法是一种政治声明吗？柏拉图家族在政治上雄心勃勃，《理想国》不仅是西方哲学思想的核心文本，还是一篇政治宣言。通过这部著作，柏拉图谴责愚人统治，认为统治阶级应该基于功绩和价值被选定。这里当然是指哲学方面的价值。关于苏格拉底死前的对话，就像

一幅19世纪的插图表现了苏格拉底之死。

柏拉图其他作品一样，是以短剧形式写成的。苏格拉底是作品主角，但历史上的真人不太可能这样想。

读柏拉图的著作时要牢记，不要只看表面。在《理想国》中，有对话明确谴责了诗歌，甚至是性（婴儿将在理想状态下，以更可控的方式诞生）；而在《会饮》中，性和音乐都被赞扬，作者认为二者为人类获取最高知识（尤其是真与美的知识）提供了哲学以外的途径。

柏拉图的政治历险

柏拉图（前427—前347）出生在雅典。学习、教书，直至去世，他基本上在雅典。他曾经用几年时间游历位于今日非洲和意大利的古希腊城市，吸收了毕达哥拉斯学派的理念。公元前387年，柏拉图回到雅典。

有坊间传说，柏拉图曾经被海盗抓去，索要赎金。此事真假难辨。柏拉图的后半生很平静，在雅典建立了著名的哲学研究“学院”[①]，人们普遍认为这是世界上第一所大学。多年以后，据说他在参加一位学生的婚礼盛宴后在睡梦中死去，终年80岁。

柏拉图的人生充满学者气息，不过也有一次例外。公元前4世纪60年代，他去过锡拉库萨，游说新国王狄奥尼修二世。他可能想尝试把《理想国》中的理念付诸实践。结果，柏拉图与那位国王闹翻，差点儿没有能够活着离开。

柏拉图大约活到80岁。

① Academy，旧译作“学园”，即“柏拉图学园”。拉斐尔壁画《雅典学院》即以此为背景。

门上写的并不是几何

虽然苏格拉底在柏拉图的作品中出现，但他的生平和著作颇为神秘。只有柏拉图描述的苏格拉底才有哲学意义，柏拉图通过苏格拉底阐述自己的观点。关于柏拉图真正的思想，还有其他线索。在著名的“雅典学院”大门上方，赫然写着：

不懂数学的人不得入内。

这看起来是条严格的规定，恐怕我也进不了这门。但是，我们不要忘了苏格拉底是如何引导一个明显不懂数学的奴隶男孩证明毕达哥拉斯定理的[①]。这句话并非仅是有趣的社会议论，因为柏拉图所指的“数学”是能够有条不紊地推理，并得出结论。

现代思想家彼得·胡贝尔认为，“数学”这个词误导了大家。正确的希腊单词是“geometria”。这个词看起来像是几何（英文单词“几何”是geometry），而且许多哲学家写文章歌颂柏拉图创立了“几何学”。胡贝尔认为，geometria和geometry并非一回事：它们不是像粉笔和奶酪条那样，表面相似，实际迥异；而是像干酪和奶酪那样，表面相似，实际上也相似。让我来解释一下，柏拉图在其最著名的作品《理想国》中引入了geometria这个词，追求geometria是为了获得与“永恒”之物相关的知识。

古埃及的智慧与知识之神托特，被描绘成长着鹮首。

柏拉图说，这种geometria是由一位叫托特（Thoth）的人发现的。托特，或者叫特乌斯（Theuth），是埃及的知

① 柏拉图在《美诺》中描述了苏格拉底引导奴隶小孩思考正方形面积如何扩大两倍的问题，也就是在等腰直角三角形条件下证明毕达哥拉斯定理（勾股定理）。

埃及神托特

“在埃及瑙克拉提斯市，有一位著名的古老的神名叫特乌斯。他认为那种叫鹮的鸟是神圣的。他发明了许多东西，如算术、几何、天文学、西洋跳棋和骰子，但最伟大贡献是发明字母。”

——苏格拉底

（出自柏拉图《斐德罗》）

托特有时候也被描绘成狒狒的样子。

识之神，在埃及众神中级别很高。他被描绘成一个长着鹮首或狒狒首的男人。柏拉图在这里提到托特说明了两件事：一是埃及思想的重要性，二是哲学家最先谈论的逻辑和数学，并不是人们今天想象的经过发展的逻辑和数学。

柏拉图在《美诺》中描述的奴隶男孩“推导出”毕达哥拉斯定理，他展示了教科书式的几何学。但是，这篇作品的重点不在于告诉大家如何测量斜边长度，而是为了说明所有人都可以进入永恒真理的世界。此处的真理指的就是数学上的真理。

毕达哥拉斯是谁

柏拉图主张毕达哥拉斯式的宇宙观，认为天空应该表现出神的永恒和完美及几何结构。所以，古人曾经认为星星都是在以地球为中心的完美晶体球面上旋转，一边转一边奏出音乐。

然而，柏拉图反对过度用字面解释宇宙的几何形状，他很惋惜“大部分人”固执地将对各种现象的几何学和力学描述当成“所有事物唯一的原因”，而这些原因“不具有目的和计划能力，也没有任何智慧”。

柏拉图为毕达哥拉斯的观点发声，因为毕达哥拉斯经常被误解。几个世纪以来，他一直被描绘成一个游手好闲的人，而非真正的哲学家。人们认为他是个江湖术士、半个神父、半个巫师，说他穿着怪异，老穿邪教服装（白色长袍、长裤和冠冕）。最糟糕的是，他还写诗。

拉斐尔壁画《雅典学院》中描绘的毕达哥拉斯和全神贯注的听众

毕达哥拉斯生平

有关毕达哥拉斯的故事可能都是真实的，但仍然很容易误导人。

毕达哥拉斯不仅对音乐、天文学、形而上学、自然哲学、政治学和神学做出了重要贡献，而且还将转世、天堂和地狱的概念带到了西欧，宣称这些教义是对他本人的启示。人们一般认为，他出生在土耳其海岸附近的萨摩斯岛上。公元前529年，他被暴君波利克拉特斯宣布为颠覆分子，遭到驱逐，去意大利南部克罗顿创立了自己的哲学流派，在坚持素食、节俭和纯洁的基础上修行。

造访埃及似乎是毕达哥拉斯生命中的关键事件，他热衷于吸收新智慧，尤其是金字塔背后的祭司和建筑师发展出的数学知识。后来，他沦为战俘，去了巴比伦，接触到了另一个充满几何和数学智慧的传统文明。

毕达哥拉斯学派认为，“真正的知识”必须是与永恒不变的事物相关。他们想要思考纯粹、固定和永恒的东西，并认为在抽象的数字世界中找到了这些东西。

如果你想知道柏拉图谈论的那些神秘的“天堂般的形态”是什么，最好从了解数字开始。

毕达哥拉斯的追随者在今天被当作狂热的信徒。

毕达哥拉斯的1到10

据说毕达哥拉斯发明了“哲学”这个词，词义是“对智慧的热爱”，代指对数字世界奥秘的探索。

毕达哥拉斯学派与中国的老子遥相呼应。老子在《道德经》中写道：“道生一，一生二，二生三，三生万物。”

毕达哥拉斯学派的理论，也被称为“单子理论”，显然借鉴了东方的阴阳理念。

在单子理论中，两股相反的力量彼此分开，又重新组合，形成宇宙中的一切事物。

“阴阳”在中国哲学中被用来描述相互补充、相互关联、相互依存的对立力量。

这种理论从“单位元素”或数字1开始。在几何里，这是一个没有面积的点。对毕达哥拉斯学派来说，一个奇点就是所有事物的起源，就像今天精通宇宙学的专家和他们的大爆炸理论一样。对于今天的科学家来说，分割奇点会导致剧烈爆炸；对于毕达哥拉斯学派来说，分割这个点只会产生两个点，然后两点产生一条线。但是，数字2是不完美的，因为它导致了分割的可能性。

数字3被称为“整体”，因为它结合了1和2，并包含起始、中间和结尾。在几何学里，3是第一个产生形状（三角形）的数字。数字4代表正方形，代表完美。4已经进入了物理实体的范围，三维立体图形（金字塔）仅用4点就可以构建。

数字5和6被称为“婚姻”，因为他们是2和3的结合，而2和3代表男性和女性。

数字7被称为“处女”，因为它不能由其他数字相乘得出；而数字8是第一个“立方体”数字，即2×2×2。

数字9被称为“地平线”（Horizon），主要是因为它是“十数”（Decad）里10之前的最后一个数字。

10包含所有其他“数字”，而且可以用很多有趣的方式运算得出，比如把1、2、3、4相加，或者把1和3的平方相加。

由于10可以由很多质数运算得出，所以10也包含所有音乐和算术所需的比例关系，并代表宇宙。毕达哥拉斯学派认为10是个神数，会对10虔诚发誓。

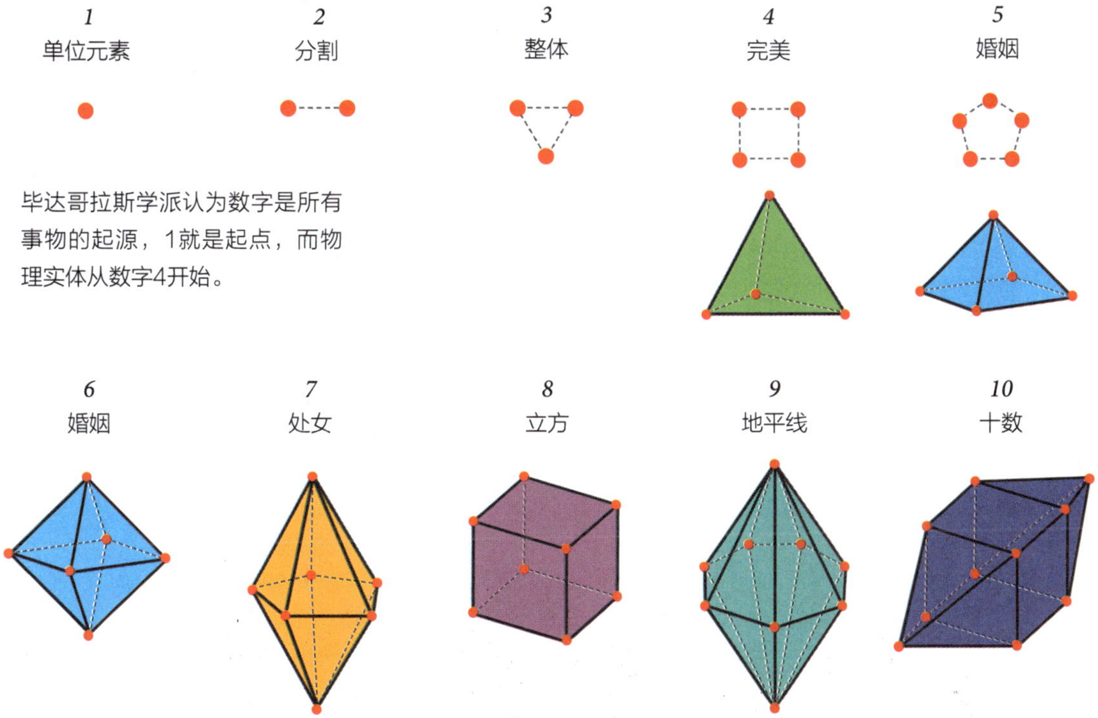

毕达哥拉斯学派认为数字是所有事物的起源，1就是起点，而物理实体从数字4开始。

传说和秘密

毕达哥拉斯本人没有留下任何作品，我们所知的关于他的内容大多来自第三方，这些人常常用夸张的故事描述有点怪异，可能还有些邪恶的毕达哥拉斯学派。

有很多关于毕达哥拉斯学派的传说，有些记录了毕达哥拉斯的各种奇迹。

- 他预测即将抵达的船会有一具尸体。
- 他咬死了一条大蛇。
- 他对着科萨斯河说话，河水回应："毕达哥拉斯万岁！"

有一个悲惨的故事提到毕达哥拉斯的学生希帕索斯，他发现某些几何量（如2的平方根）无法用整数来表示，并将这个尴尬的事实透露给了"外行"，因此被扔进海中淹死了。在有理数之外还有无理数存在，这种事实令毕达哥拉斯学派惶恐不安，他们不想让别人知道。

毕达哥拉斯学派的信条：在日出之前起床，赞美日出。

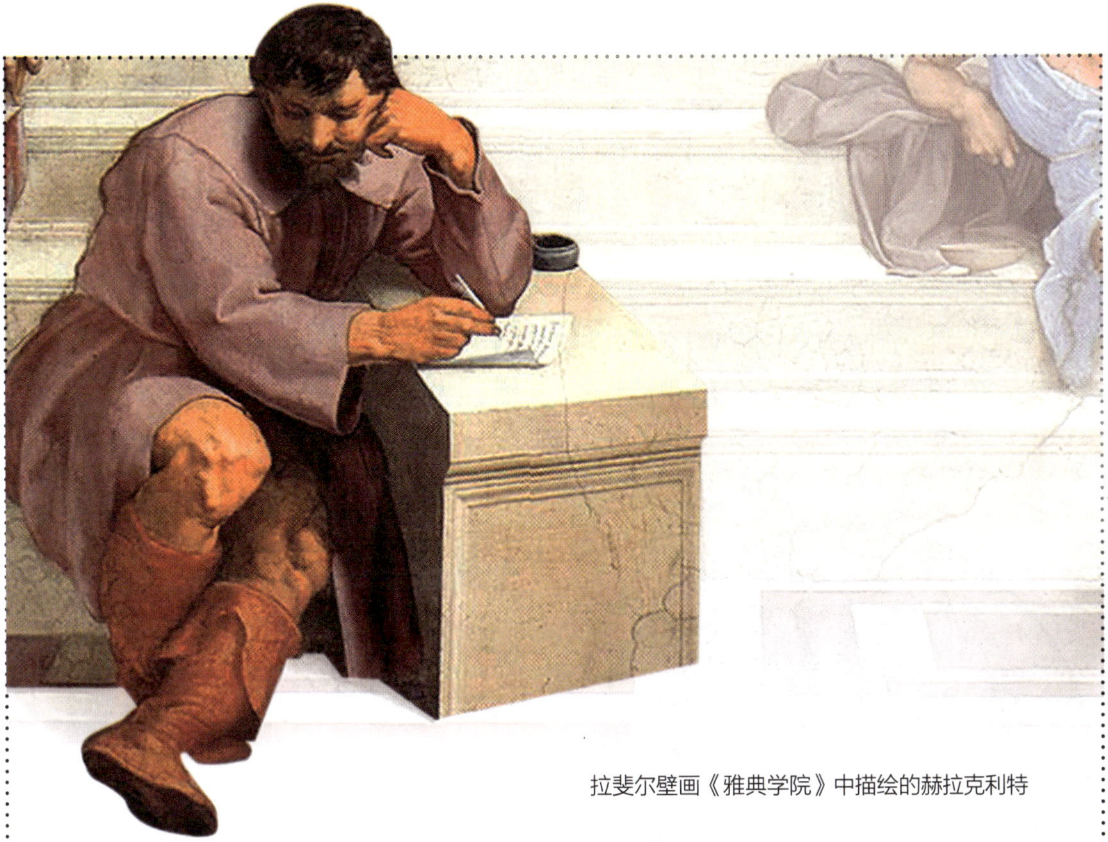

拉斐尔壁画《雅典学院》中描绘的赫拉克利特

追求确定性

并非每个人都认同毕达哥拉斯的观点。赫拉克利特就认为毕达哥拉斯是个骗子，说他剽窃了别人的思想，称他为做贼的寒鸦，认为他的长处不是智慧，而是骗术。

赫拉克利特认为，如果事物能够改变，事物内部必然已经包含新事物的萌芽，这样才能变成新事物。

例如：石头硬，水不硬，但水结冰后变硬。所以，水既硬又不硬，视温度而定。

在《论占卜》（前44）中，西塞罗在毕达哥拉斯学派的诸多怪癖中又加了一笔，说他们“不碰豆类”，是因为豆类“容易让肠胃胀气，不利于追求心神宁静”。

其实，这是西塞罗对毕达哥拉斯学派无情的嘲笑，现在却被人误认为史实。当时，赌博时要从罐子里取出豆子，毕达哥拉斯原话是在告诫信徒不要赌博。

学习规则

公元3世纪的叙利亚哲学家杨布里科斯（Iamblichus）记载，低级信徒看不到毕达哥拉斯本人，只能隔着面纱听他讲课。讲课内容由简短的谚语和格言组成，就像德尔斐神谕一样。

这个圆盘刻画的是雅典的艾格乌斯国王向德尔斐的先知寻求预言。

新学生必须学的一些毕达哥拉斯语录更像规则，而规则当然是首要学习任务。当然，毕达哥拉斯的规则跟人们想象的一样怪异。

例如：

- 不要帮助他人减轻负担，而要帮助他人加重负担。
- 坚持先穿右脚的鞋。
- 不要在黑暗中说话。
- 供奉、祭祀时要赤脚行走。

只有少数毕达哥拉斯杰出的学生，经过多年耐心学习，才可以表达意见甚至向老师提问。其他大多数毕达哥拉斯的追随者必须满足于学习问题和已有的答案。

例如：

- 问：受祝福的人住的是什么岛屿？
- 答：太阳和月亮。
- 问：什么东西最明智？
- 答：数字。
- 问：德尔斐神谕是什么？
- 答：海妖唱的歌。

与毕达哥拉斯一起生活

毕达哥拉斯“学派”或者“教派”的第一条规则是“沉默”，第二条规则是必须吃素。对东方思想家来说，这不是什么特别有违正道的问题。而且，跟东方神秘主义者一样，毕达哥拉斯相信人类的灵魂会转世成为动物。

毕达哥拉斯的追随者吃的是蜂巢、谷物面包和蔬菜。毕达哥拉斯还会去港口给渔民钱，让他们把捕到的鱼放回海里。非素食主义者认为，这简直是发疯。如果换个角度讲这个故事，说毕达哥拉斯告诉凶猛的熊改吃大麦和橡子，不再吃人，人们对他的评价就会宽厚得多。

毕达哥拉斯不仅尊重动物，还尊重树木。他主张，如果并非出于必要，就不应该毁坏树木。有一次，他因为一头牛随意践踏玉米而进行责骂。

天空的和谐

牛顿优雅地证明，将观测与数学计算相结合，可以解释和预测宇宙的神秘运动。他承认自己受到了毕达哥拉斯的启发。

牛顿在《自然哲学的数学原理》命题4～9的注释里说，是毕达哥拉斯启发了自己。

“通过实验，毕达哥拉斯确定了一些重量，而用这些重量能让同样弦上的音高与弦长的平方成反比……他将发现的这些比例应用于天体之间……将这些重量比作行星的重量，将弦长比作行星间的距离。基于天体的和谐关系，他认为行星的重量与其和太阳距离的平方成反比。”

毕达哥拉斯相信数学给了人类发现完美现实的机会，我们所处的世界不过是完美现实的有残缺的投射。他还将这个纯洁的、永不腐朽的神圣世界与我们腐朽的尘世进行对比。可悲的是，在尘世中，人类的灵魂被困在肉体里，就如困在坟墓里一样。

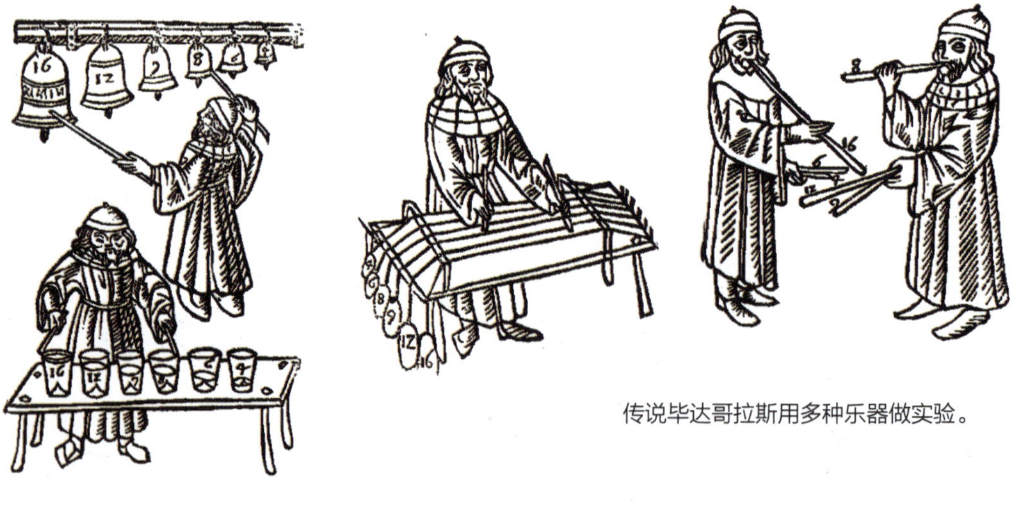

传说毕达哥拉斯用多种乐器做实验。

关于欧几里得

柏拉图表示，几何学为人类提供了一条通向永恒真理的道路。欧几里得的《几何原本》就是这种观点的代表。这是一部由13篇独立短文组成的论文，大约诞生于公元前300年埃及的亚历山大城。欧几里得证明，你只需要五条假定的规则就能构建出相当不错的几何学。

它们是：

- 等于同量的量彼此相等。
- 相等的量加某一量，其和仍相等。
- 相等的量减某一量，其差仍相等。
- 彼此能够重合的几何图形是全等的。
- 整体大于部分。

如果你不喜欢这些东西，那就千万别看欧几里得的证明！他先提出假设，然后进行证明，再用“已证之事”来进一步证明。在这一过程中，只引用已证之事的编号。这种方法非常强大，令许多后来的哲学家难以抗拒。

牛津大学自然历史博物馆欧几里得雕像

隐藏的假设

欧几里得认为他的公设是“不证自明的”。公设是对物理现实的陈述，任何人都可以通过思考而明白这些公设的正确性。事实上，这些公设可能因为包含隐藏的假设而被挑出毛病。

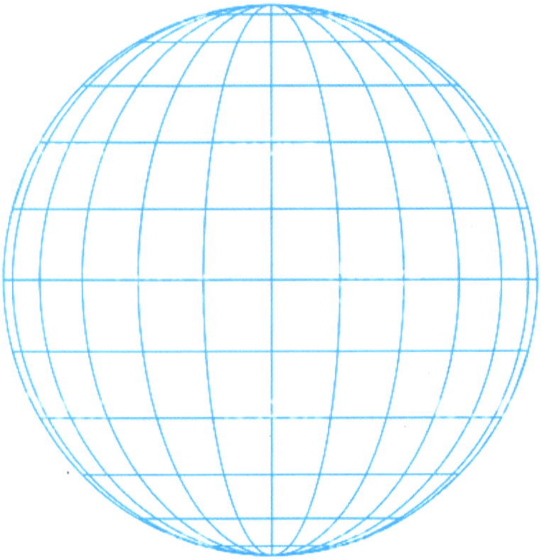

经线和纬线

举个隐藏假设的例子，我们来看第五公设，也就是通常所说的“平行公设”。这条公设说平行线永不相交，因为它假设空间是平面的，但平行线当然可以相交，画在球体上就行了。

如果你不信，试试在足球上画两条平行线吧！充其量，你能画出两个“大圆圈”，就像地球仪上的线一样。看上去与赤道平行的纬线实际上是曲线，而经线在赤道附近是平行的，在南极和北极就会相交。用数学术语来说，它们相交于一条欧几里得线段的两个端点，这条线段就是球体直径。

另外两个隐藏假设是，空间是均匀的（到处都是一样的），而且是无限延伸的。为确保任意一点可以通过数学运算转化为另一个点，这两个假设前提都是必要的。实际上，这两个假设本身都没有得到证明。事实上，随着望远镜技术的发展，这两个假设就更加难以证明了，因为宇宙中的物质似乎并不是均匀分布的。

阿尔伯特・爱因斯坦

“非欧几里得”的爱因斯坦

古希腊人认为欧几里得几何学（欧氏几何）是纯粹知识的典范，其原则不可侵犯，而现代人认为这只是多种可能的几何学之一。即使是阿尔伯特・爱因斯坦，也是经人提醒有另外的“非欧几里得”宇宙之后，才发展出相对论，开创了物理学的新天地。

爱因斯坦在20世纪初向人们提出了与过去截然不同的新宇宙观。你可能觉得哲学家们早就应该明白这一点，还可能觉得有些哲学家早有这个想法。著名的芝诺悖论经常被视为微积分发明之前的休闲文字，这种态度往往让人觉得是对芝诺缺乏理解，而不是针对芝诺提出的问题。

再谈芝诺

“在这个变化无常的世界里，没有什么比死后的名声更反复无常了。后世人缺乏判断力的最显著受害者之一就是埃利亚人芝诺。芝诺提出了四个非常微妙而深刻的论点，而后来的哲学家粗暴地断定他只是一个耍小聪明的人，他的论点也被认为是诡辩。就这样过了两千年，所谓诡辩终于有了应有的地位，成为数学复兴的基础……”

伯特兰·罗素在《数学原理》第一卷（1903）中写下了上述内容，表明他没有低估芝诺的重要性。罗素的“理发师悖论”影响深远，没有人对此怀疑。罗素在20世纪初偶然发现了这个悖论，我们会在第九章中更详细地介绍。

伯特兰·罗素，英国哲学家、逻辑学家、数学家、历史学家、作家、社会评论家和政治活动家。

悖论

“悖论”（paradox）这个词来自希腊语，意思是“超出信仰”。悖论是一种矛盾，指的是通过合理假设和正确推理最后得出荒谬或令人无法接受的结论。芝诺关于运动的悖论就是一个例子。

哲学领域的另一个重要的例子是“说谎者悖论”，最初被认为是古希腊克里特人埃庇米尼得斯提出的。这个悖论只有简单一句话——“所有克里特人一直在说谎”。这句话是由一个克里特人说出的，这就产生矛盾了：在这种情况下，这句话是不是真话呢？

问题的关键在于，说法的真实性会影响说话时的具体情况，具体情况又会影响说法的真实性，如此循环往复。实际上，这种陈述既不是真的，也不是假的。

芝诺生活的时代早于柏拉图，他可能认识苏格拉底，也比欧几里得早很多。欧几里得神奇的几何学体系是基于北非人的研究成果发展而来的，北非人的研究成果深刻地影响了欧洲的哲学家，而数学老师却很少提到。尽管如此，芝诺大部分成果是关于几何和数字的本质——特别是无穷和零这种奇怪的数字现象。

德国纽伦堡一座建于14世纪的欧几里得喷泉雕像

芝诺的四个悖论

芝诺的悖论大都涉及数论，他用关于运动的悖论挑战那个时代的诸多假设。现代哲学和数学的许多正统观念都源于惯例，而这些惯例并非像我们已经习惯的那样牢不可破。

我们来看芝诺的40个悖论中最著名的4个。

“跑道悖论”（也叫二分法悖论）指出，跑步的人永远无法到达终点。因为他必须跑到全部路程的中间点，然后到达跑道后半程的中间点，以此类推。跑道可以分为无限个部分，所以跑步的人必须经过无数“中间点”，永远也到不了终点。事实上，他根本无法真正起跑！

在更著名的“阿喀琉斯追乌龟悖论”（有时会被人说成龟兔赛跑）中，阿喀琉斯发现，在让乌龟先出发之后，他再也追不上了。原因是，当他追到乌龟刚才在的地方时，乌龟又爬得更远了。他再跑到乌龟现在所处的位置，而乌龟必定又向前爬了。

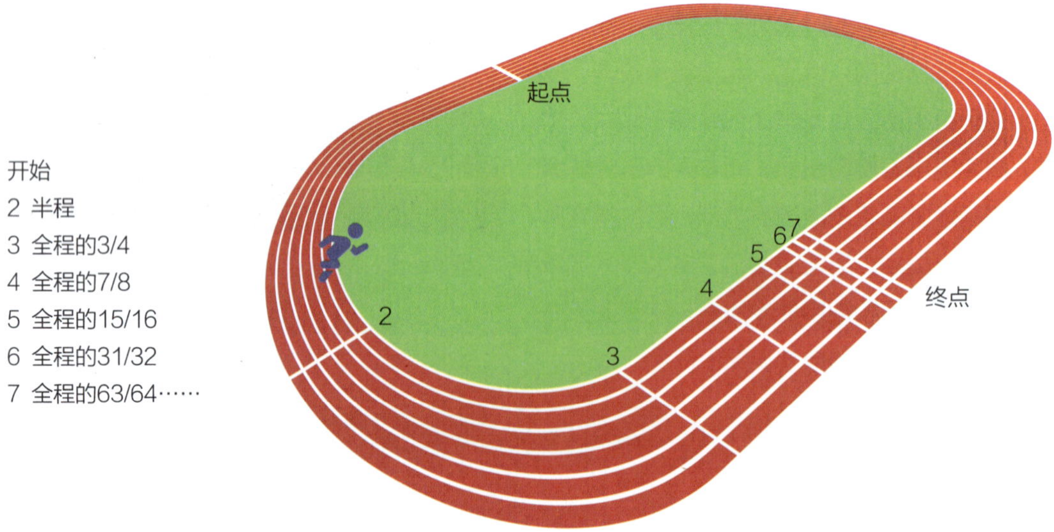

在“飞矢不动悖论”中，芝诺认为，如果把时间视为一串特定时间点或时刻，那么飞出的箭在任何时刻都必然处于某个位置，而处于某个特定位置就意味着是静止状态，所以箭应该落在地上。

在“体育场悖论”（也叫游行队伍悖论）中，关于相对运动，两排移动物体给出了表面矛盾的结论。有些哲学家认为芝诺昏头了，但更可能的情况是，他提出了微妙的时间和空间的观点，而这个观点被历史记录歪曲了。（这也不是历史记录第一次歪曲事实了！）

数学差异

柏拉图《巴门尼德》描述了芝诺悖论背后的推理。在讨论宇宙是“整体一个”与“绝不是多个”是否有区别时，苏格拉底罕见地被芝诺批评了。

事实上，正如芝诺所说，数学的基础其实并不是那么确定无疑的。19世纪的哲学家和数学家，例如亨利·庞加莱，已经认识到，不仅可能存在不同的几何学，而且它们可能互不兼容。没有人能在它们之间做出选择，只有“惯例”能够选择。

法国数学家亨利·庞加莱

最初的数学家

可以说，希腊哲学是乘着数学的翅膀兴起的。从那以后，哲学家一直迷恋数学，尤其是逻辑学家，一直在努力将人类思想简化，用符号来表示。

希腊数学有两个主要来源。较古老的来源是古埃及，大约公元前3100年到公元前2500年。这个来源非常复杂，看看金字塔结构的数学比例，还有塔的位置对应各种行星和太阳等天体的位置，就能体会。

一千年后，希腊数学才有了另一个来源——美索不达米亚平原，就是底格里斯河和幼发拉底河之间的两河平原。在这里，数学主要用于日常生活，如建筑、贸易和天文学家确定季节等，但也有神秘色彩。

事实证明，柏拉图的大部分想法来自毕达哥拉斯和芝诺这样具有数学思想的思想家。他的学生亚里士多德呢？当然，亚里士多德的许多观点吸取了老师柏拉图的智慧，这也就意味着吸取了东方神秘主义者和数学家的智慧。

在亚里士多德的著作中，他对毕达哥拉斯的方法有一些混乱的回忆，声称最先创造出来的就是数字。他赞赏这种逻辑：只要宇宙由彼此可区分的事物组成——可以给这些不同的事物编号——事物之间就可以形成各种关系。亚里士多德补充说：

"……经过如此这般调整，一种数字表示正义，另一种表示灵魂和理性，还有一种表示机遇。这样，几乎所有东西都可以用数字来表示……他们认为整个天空就是音阶和数字……"

亚里士多德还解释，毕达哥拉斯学派将数字与类似正义这种概念联系在一起，如数字4与正义相联系，数字5与婚姻相联系。实际上，毕达哥拉斯学派的理论还要复杂得多。

直至今日，亚里士多德仍然在许多学科中享有盛誉，尽管通过仔细研究，你会发现他的所有主张几乎都是错的。例如，他坚持认为地球不动，太阳绕着地球转。而且，正是他这位政治大师，将人类分为贵族和奴隶……还有，他将女性比作家畜。亚里士多德有很多这种坏男孩似的行为，这可能是因为这位柏拉图最著名的学生下决心否认导师的所有重要观点。正如20世纪政治哲学家卡尔·波普尔所说，亚里士多德这么干的结果是，哲学此后一直深陷于空洞的辞藻，墨守贫瘠的经院哲学。

亚里士多德坚持认为太阳绕着地球转。

希腊雅典科学院入口两边的柏拉图和苏格拉底雕像

亚里士多德堪称哲学和自然科学的伟人之一，特别是因为他把逻辑学放在了哲学的中心。

亚里士多德标志着希腊哲学的分水岭，他出生于公元前399年，苏格拉底死后的第15年。他在柏拉图的雅典学院学习，直到公元前347年。

亚里士多德本来希望成为柏拉图的继承人，但他的方法不受当时数学家的欢迎，所以柏拉图侄子斯珀西波斯接手了雅典学院。亚里士多德最伟大的成就应该是他的“思维三律”，这是他试图将日常语言置于逻辑基础上的一部分努力成果。他的《分析前篇》第一次尝试创建正式的逻辑推理系统，而《分析后篇》试图利用这个系统把科学知识系统化。像许多当代哲学家一样，他认为逻辑是哲学进步的关键。传统的“思维三律”包括：

- 该是什么，就是什么（同一律）；
- 不可能同时既是又不是（矛盾律）；

- 要么是，要么不是（排中律）。

换句话说，这三个定律说的是：

- 所有苹果都是苹果。
- 如果某物不是苹果，就不能把它当作苹果。

还有（最终）

- 某物不可能同时“是苹果”，也“不是苹果”。

这些看起来像是在说明显而易见的事实。这些思考定律一直占据优势，但实际上也受到过批评。从赫拉克利特到黑格尔，很多哲学家对思维三律提出了强有力的反驳。

人们通常认为，最初提出第二条定律“矛盾律”的是巴门尼德（生活于公元前5世纪，是苏格拉底之前的重要哲学家）。柏拉图在《智者》中写到，巴门尼德曾说：“永不能接受非是者是。”①

① 此处意思是：“非是者”是“是者”，这种说法不能接受。

思维三律的麻烦

“矛盾律”这个原则被发明出来似乎很奇怪，这可以解释为，在巴门尼德之前，人们自然的思考方式是，一切东西都有点既是又不是的特点。

思维三律的死板逻辑原则将一个新权威下的新世界强加给人类。

在此之前，常识性假设就像赫拉克利特所说：

伊曼努尔·康德质疑“思维三律”的基础。

“冷的东西会变热，热的东西会变冷；湿的东西会变干，干的东西会变湿。”

1763年，亚里士多德的逻辑定律给哲学家们带来了麻烦，促使伊曼努尔·康德出版了《把负数概念引入哲学的尝试》。这篇论文尝试找出源于纯逻辑的抽象形而上学理论中的内在矛盾。康德指出，事实上，某些东西可以既是A，又不是A——既是苹果，又不是苹果。

例如，一个物体可以既运动，又没有运动，因为这取决于观察者的视角。火车上的咖啡杯就是一个很好的例子。如果你坐在火车上，那么这杯咖啡（很幸运）“没有运动”。但是，对于看着火车高速驶过的人来说，咖啡当然是运动的。

格奥尔格·威廉·弗里德里希·黑格尔

黑格尔的真正现实

19世纪，政治哲学家格奥尔格·W. 黑格尔非常支持强大的统治者，但认为哲学回到赫拉克利特的观点上更好，也就是改变（特别是矛盾和冲突）才是“真实的”，而“思维三律”说的静态不变的世界是虚假的，有误导性。

此外，黑格尔还说“同一律”本身不能说明什么问题。说“A = A”这个事实不过就是赘述而已，没有什么意义，几乎没有告诉我们关于那个事物同一性的信息。

事物真正获得同一性的唯一方式是通过差异性，也就是看一个事物不是什么。在这方面，毕达哥拉斯已经说得很好了。

CHAPTER 3

第三章

SEEKING WISDOM THROUGH GOD

通过神寻求智慧

为什么几十亿颗星星相处得这么和谐，而多数人过不了一分钟就要在大脑中向某个认识的人宣战。

——托马斯·阿奎那（13世纪）

奥地利维也纳的圣彼得教堂内景

“正义之战”

一直以来，哲学和神学都是两个对立的派系。在书店里浏览介绍哲学的内容，你会发现“上帝是种错觉”和“反对×……”（×是指典型的基于信念的信仰）这种长篇大论，而这类文字的作者都认为哲学要参与反对非理性主义的正义之战。

在我工作过的一些大学里，虽然哲学系和神学系常常紧挨着，但两边的教师往往互不言语，同时在私下和公开场合强烈指责对方的错误。

现代哲学和神学总是不能达成一致观点。

伯特兰·罗素曾经评价哲学是“处于科学与神学之间的无人地带，受到双方夹击”，而今天被夹击的是神学，并在交火中渐渐变得衰弱。然而，从奥古斯丁时代到文艺复兴时期，一千年来，情况完全不同。那个时候，伟大的思想家都一心一意创建和完善基督教教义，教义就是最高的、最纯粹的哲学。

为人类精神生活做出重大贡献的思想家大多数是教士，只有极少数例外。

“14世纪以前，实际上，教会一直垄断着哲学，哲学作品都是站在教会的立场上。”

——伯特兰·罗素

《西方哲学史》（1946）

这些思想家大多活跃于教会。教会是当时重要的社会机构，修道院里保存着伟大的作品，类似研究型大学。教会也是一种社会和政治力量，在当时对普通人生活的控制远远超过任何地区性机构，更不用说高高在上的国家机构了。

中世纪是许多国家（地区）的政府在遭受入侵后崩溃的时代——来自北方的维

哲学和神学的冲突——6世纪的希腊哲学家、数学家毕达哥拉斯（左）和14世纪的英国神学家、宗教改革家约翰·威克里夫。

京人，来自东方的“野蛮人”，还有来自南方的摩尔人——席卷了曾经辉煌的欧洲城市。

通过宗教学者，哲学故事才得以在那个时代流传，人们尊崇古代哲学家，特别是柏拉图和亚里士多德，把他们的观点当成《圣经》和《古兰经》一样。

在这个时期，先是有奥古斯丁倡导推翻柏拉图运动；后来，托马斯·阿奎那支持的亚里士多德的影响则越来越凸显。稍后，我们会看到更多关于这两位的信息，但首先回顾一下当时的时代背景。

维京人这样的掠夺者给中世纪的欧洲带来了浩劫。

以雅典学院为代表，繁荣的欧洲文化已经被罗马人广为传播，鼎盛时期的罗马帝国版图北至英国和大西洋，南至北非和中东（当时称为美索不达米亚）。

但是，公元410年8月24日，好日子到头了，“野蛮人”就在这一天入侵罗马。

罗马城的陷落让整个罗马世界惶恐不安，圣杰罗姆写道：“在这个城市里，整个世界都灭亡了。”公元5世纪末，西罗马帝国不复存在，欧洲进入了黑暗的中世纪时代。

约1490年的意大利罗马景观

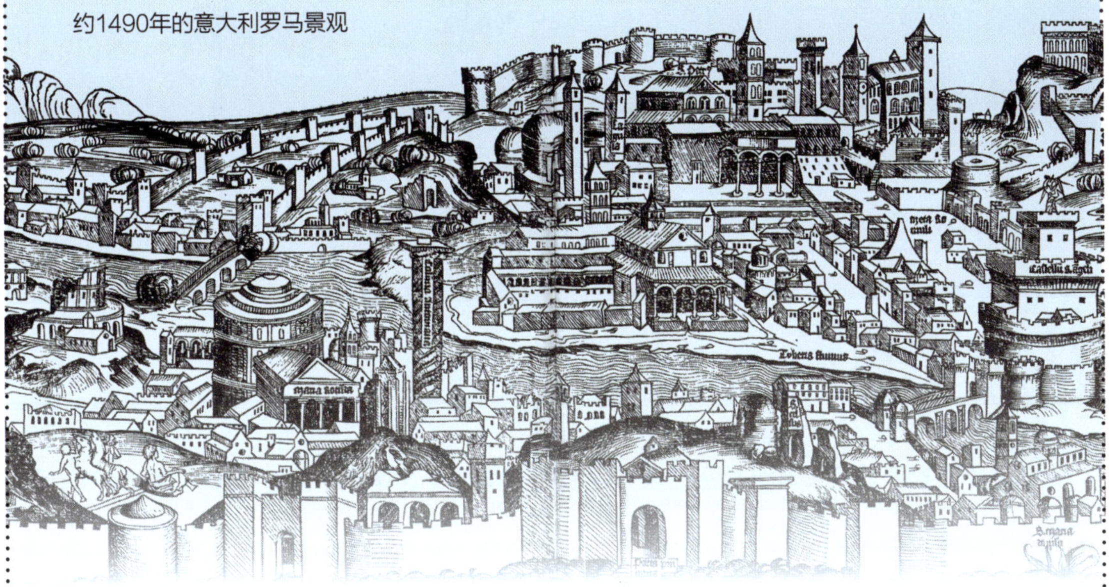

在此后一千年间，哲学退出了城镇和都市，因为那里不再有安全的基础；城镇和都市转而在宗教保护和引导下发展。当然，现实更加复杂。

圣经故事《所罗门的判决》
——基督教教义遭到哲学家挑战。

什么是智慧

欧洲中世纪知识的发展大部分归功于阿拉伯作家，尤其是伊斯兰哲学家，像阿威罗伊[①]和迈蒙尼德这样的学者特别重要。

像迈蒙尼德这样的伊斯兰哲学家并非特别有独创性，但他们是连接古代和现代世界的思想链条中的关键环节。

在很长时间里，亚里士多德享有“哲学家”盛名和先知美誉，他有如此地位，归功于阿威罗伊对其著作的强烈推崇。亚里士多德认为，灵魂并非不朽，只有被称为“奴斯”（nous）的智慧才能永恒。

① 阿威罗伊，即伊本·鲁世德，著名的安达卢斯哲学家和博学家，西方人多称其为阿威罗伊（Averroes）。

阿威罗伊与寓言

阿威罗伊最有趣的是，认为宗教真理不应从字面意思上理解，而要当成寓言来理解。关于生命起源和进化论的问题至今仍能引起很多争议，但他却能够轻松化解：只要认为宗教故事是隐喻性的，而不取其字面含义，就完全可以接受科学解释。

就这样，阿威罗伊破除了灵魂不朽的说法，并将科学置于宗教教义之上，从而给后世留下了人文主义思想。话虽这么说，他却不认为自己创造了新观点，认为自己不过是将古人的想法准确地传达给新世界而已。阿威罗伊还表示，普通人无法理解无中生有这种概念，所以宗教文本才用了很多寓言和隐喻。并非每个人的肉体都伴有一个共生的个体灵魂，这个观点其实也在宗教文字中，藏在隐喻性语言里。

阿威罗伊认为，宗教所讲的神创造世界的故事是隐喻性的，不应该从字面意思上来解读。

这个观点给后来的基督教哲学家出了难题。亚里士多德说的智慧是什么意思——可能是性格的意思？不太可能，正如阿威罗伊警告读者说的，这种观点似乎认为智慧不是个人属性，而是超越个人的存在。当然，这种观点削弱了基督教关于个人责任和人类有救赎机会的教义，被认为是异端邪说。

阿威罗伊更忠于亚里士多德而不是宗教文本，特别是《古兰经》，他后来因此被指控为异端，许多著作被烧毁。

讽刺的是，相比伊斯兰哲学，他对基督教的影响更大。

基督教修道院不仅是欧洲存储书面文本的宝库，同时也是进行哲学辩论的地方。伊斯兰学者翻译了失传的经典作品，通过这些学者和他们的译文，基督教修道院重新与古代世界建立了联系。

后来，随着贸易发展，贸易中心有了新的活力，也正在这时出现了一批持不同观点的知识分子与教会竞争。

在经济方面，中世纪——也就是“黑暗时代”——绝大多数人过着艰苦的生活，只能勉强维持生存，贫穷和疾病无处不在。在这种情况下，不难理解大多数人在挣扎求生，研究哲学因而成了神父和僧侣的事情。这些人向世人承诺，如果生活很艰苦，就可以用美德（遵循教会禁令，并向教会捐赠）来确保自己获得幸福——永恒的身后幸福。

教会同时还具有慈善机构的重要作用，它的力量进一步增长。绝望和贫穷的人很容易被煽动成为暴徒，只要布道一两次就可以让他们去疯狂地执行任务，例如，残忍地杀害亚历山大城杰出的女数学家、哲学家希帕提娅。至于教皇，他在中世纪“仅仅”是罗马的主教，在其他地方没有重要影响力。

阿威罗伊被指控为异端，著作被烧毁。

柏拉图敦促精英们不要满足于生活在尘世，而要超越尘世，走进思想世界，特别是真、爱与美的世界。伊斯兰教和基督教采用了这个来自希腊的想法，把永恒的世界说成死后才能到达！这是一个小小的改变，但被认为至关重要。

在此之前的一千年里，伊斯兰教比基督教显得更加文明和人道。基督徒经常屠杀犹太人，这些犹太人被当成各种社会弊端的替罪羊，而伊斯兰国家则给予犹太人相当的尊重和自主权。即使在今天，伊朗这个伊斯兰国家还拥有以色列境外最大的犹太人聚居区。

基督徒之间也相当凶残。不同派别之

亚历山大城哲学家希帕提娅之死。

古老与现代

巴黎圣母院——现代大学是以修道院和大教堂为基础发展起来的。

宗教中心在现代成为学习场所。

“生命是为了获得上天堂的奖励而做出的牺牲”，这种在历史上具有很大影响力的宗教教义（被马克思谴责为“群众的鸦片”，阻止人们追求更美好的生活），是从古希腊哲学家的教诲中发展出来的。

古希腊哲学家认为，在空间和时间中存在的感官世界（意思是可以感觉到的物理世界）只是一种错觉。

中世纪时期的伊斯兰教显得比基督教更“文明”。

间一直争论基督教的本质。其中有个诺斯替派（或称灵智派）拒绝承认上帝的儿子曾是个哭哭啼啼的婴儿，更不可能被处决，他们坚称耶稣只是一个代表上帝说话的先知。这一观点影响了穆罕默德，并成为伊斯兰教的重要教义之一。

史诗般的耶路撒冷争夺战——基督教徒和穆斯林军队在“十字军东征”期间战斗。

淘汰斯多葛主义，迎接希望！

克利西波斯（约前279—前206）是一位希腊斯多葛学派哲学家，他提出了一种典型的斯多葛主义，令人沮丧的人生观。

他认为，一切运动皆有原因："现在的结果都是之前的原因造成的。既然这样，那么一切都是由命运引起的。因此，无论发生什么，都是命中注定的。"

宿命论，也叫注定论，是中世纪哲学的重要主题之一。

相对乐观一点的基督教说法是，如果你按照美德的标准生活，或者至少在死前皈依基督教，就可以"改变命运"。

两者需要面对实际的和哲学层面的争论。

希腊斯多葛派哲学家，来自索利的克利西波斯。

太初有道

早期基督教神学家奥利金生活在公元2世纪末、3世纪初，他的追随者采纳柏拉图的观点，认为人类的灵魂与肉体是分离的，并将此理论延伸到连星星也有灵魂。

最终，奥利金认为，所有灵魂都会重聚成一体，包括那些曾经在某段时间被困在做坏事的人类肉体中的灵魂。这些想法都是异端。

奥利金认为灵魂可能被困在人类肉体内。

奥利金还犯了一个错误，从神学角度和实际角度看都是错误——他选择阉割自己，以逃避邪恶的“肉体诱惑”，还引用《圣经·新约》的经文来解释自己的做法：

“有些人是为了天国的缘故自愿这样做的。”

中世纪还有一位伟大的宗教思想家，被令人困惑地称为“盖尔人约翰”[①]。此人大部分时间生活在法国。约翰最伟大的

① 此处指约翰内斯·司各特·爱留根纳（Johannes Scotus Eriugena），盖尔人（Scot）是罗马人称呼公元5世纪移居苏格兰的爱尔兰人，后成为描述“海外爱尔兰人”的一个词。

乔治·贝克莱主教

作品《论自然的区分》将宇宙中的事物分为四类：

- 能创造，并非被创造出来的
- 能创造，也是被创造出来的
- 被创造，而不能创造的

最后，还有：

- 既不是被创造的，也不创造其他东西的

第一类只有一个东西——上帝。有趣的是第二类和第三类之间的区分。第二类其实就是柏拉图认为的思想或“理型”领域，第三类是在空间和时间上存在并可以被感知的俗世里的“事物”。那么第四类呢？又是上帝。

这可能看起来很奇怪，但可以利用推理来“圆满完成这个循环”。柏拉图式的理型世界就是这样被创造出来的，正如《圣经》所说的“太初有道（Word）”——或称作“逻各斯”（Logos）[①]，就像常用拉丁语表示的那样。

通过创造出可能的理型，逻各斯在

① 拉丁语 Logos（逻各斯），字面意思是“话语”“语言”，哲学上常理解成“原则”“规律”之意。

盖尔人约翰并不认为男女在道德上是平等的，认为女性是主要的罪人。

不断变化的物理现实中制造出区分。如果（比如说）我们没有“树”这个概念，就不会有任何的树。另一位伟大的爱尔兰哲学家乔治·贝克莱（此人是爱尔兰科克郡克洛因镇的主教，故常被称为“贝克莱主教”）在18世纪初提倡的也正是这种观点，而这种争论至今仍然存在。

盖尔人约翰另一个影响深远的观点是，罪恶将人类分为两类——不是善人和恶人，而是男人和女人。

女人是罪人，永远诱惑男人去做不好的事。但是，我们不要对约翰要求太苛刻——这个观点在许多古代文本中都可以看到（柏拉图除外）。对男性作家和他们的男性读者来说，这种观点没有什么不好。

说到厌恶女性，我们很自然地会谈到天主教哲学的标志性人物——奥古斯丁和阿奎那。奥古斯丁（他标志着中世纪的开端）关于形而上学、伦理学（原汁原味、生动的《忏悔录》）和政治（经典作品《上帝之城》）的著作，在今天仍然很重要。他的影响深远的观点包括对时间的形而上学分析、对恶的分析，以及对正义的战争的看法。

奥古斯丁最直接的影响是在基督教教义方面的贡献，他将教义系统化，并让其更加“合乎逻辑”。

人的意志一定是存在的，这能够解决恶为什么存在这个问题，这也是笛卡儿“我思故我在”的前兆。在《忏悔录》第七卷中，奥古斯丁写道：

“我知道我有自己的意志，就像我知道自己活着一样。所以，当决定肯定或否定的时候，我完全确定只有我自己在做决定。”

认识到自己能够控制自己的自由意志，意味着奥古斯丁才是笛卡儿和现代哲学的伟大原则“我思故我在”的真正作者。

本笃会修士托马斯·安瑟伦也跟随奥古斯丁的脚步，创造了信仰上帝的一个经典论证，即通常所说的“本体论证”。

奥古斯丁出生在北非，一直生活在那里，那里当时是罗马帝国的一部分。他在罗马和米兰教授哲学，在公元387年皈依基督教，在公元395年成为希波主教。

在《上帝之城》里，奥古斯丁将社会

奥古斯丁笔下的婴儿好像邪恶的化身。

生活分为两部分，教会负责规则和道德，世俗国家负责修路这种俗事。事实上，所有艰难的思考活动都在宗教当局的责任之内。这似乎很自然，而且确实是明智的，因为只有教徒才真正受过教育或有足够的文化，能够让别人尊重他们的决定。

在著名的自传体《忏悔录》中，奥古斯丁讨论了自己的恶的本性，描述自己在16岁辍学期间（“因父母财富不足而有的闲暇时光”），“不洁欲望的藤蔓在脑中疯长，而且没有办法根除”。近代有人不以为然地评价：“16岁时，他没有控制住自己的欲望，犯了罪过，而涉事女子的名字不得而知。”

这次“罪过”带来了一个男婴。奥古斯丁似乎很爱他的孩子，尽管他显然不是本来就喜欢婴儿的人。他坚持认为，婴儿是邪恶的生物。

“他还不会说话，肤色因嫉妒和怨恨而显得苍白，瞪着正在分享母乳的兄弟……母乳源源不断，他却难以忍受自己的血亲兄弟分享。那兄弟非常需要，完全依赖这种食物活命啊！这怎么能够叫天真！”

——奥古斯丁《忏悔录》第七卷

诺亚因觉得自己被孙子迦南羞辱而将他判为奴隶。

免责条款

幸运的是，还有一条出路。对奥古斯丁来说，正义来临的方式就是死亡。真好啊！“以前人们听到的是‘如果犯下罪过你就会死’，现在烈士们听到的是‘宁死也不要犯下罪过’。”

多年以后，奥古斯丁在三十多岁的时候，提出了其著名的祷告词：“请赐我贞操与节制，但别现在就给我。”然而，不久之后，他似乎就得到了神的启示，决心将自己的生命奉献给教会。

特殊的道德标准使奥古斯丁特别提倡奴隶制，这种奴隶制（早在英国人进行奴隶贸易之前）在中世纪很普遍，形式多种多样。

奥古斯丁将奴隶制这种做法追溯

到“正义”的诺亚，他以奴隶这个名字“为儿子的罪过打下烙印”[①]，并确立了好人有权使用罪人的原则。他在《上帝之城》中解释说：“奴隶制的主要原因是罪过，它将罪人置于同胞的统治之下——这种情况若没有上帝的判决绝不可能发生。上帝永远是正义的，并且知道如何对各种各样的罪行给予适当的惩罚。”

在大洪水期间，除极少数人以外，其他人都被视为罪人，被洪水卷走。

但是，奥古斯丁是怎么知道这些事的呢？毕竟《圣经》里没有这样写。事实上，《圣经》从来没有提到过“原罪”，而奥古斯丁的观点与《圣经》的一些内容相互矛盾。例如，《以西结书》第18章说，只有罪人会死，而他们的孩子是无辜的。

当然，奥古斯丁认可的权威是上帝本身。奥古斯丁认为他所得到的“启示”是真实的，哪怕明显与《圣经》有矛盾。“所有真理的源泉是神圣的启示，而不是

① 犯下“罪过”的是诺亚的儿子含，诺亚罚含的儿子迦南做奴隶。

拉丁文《圣经》

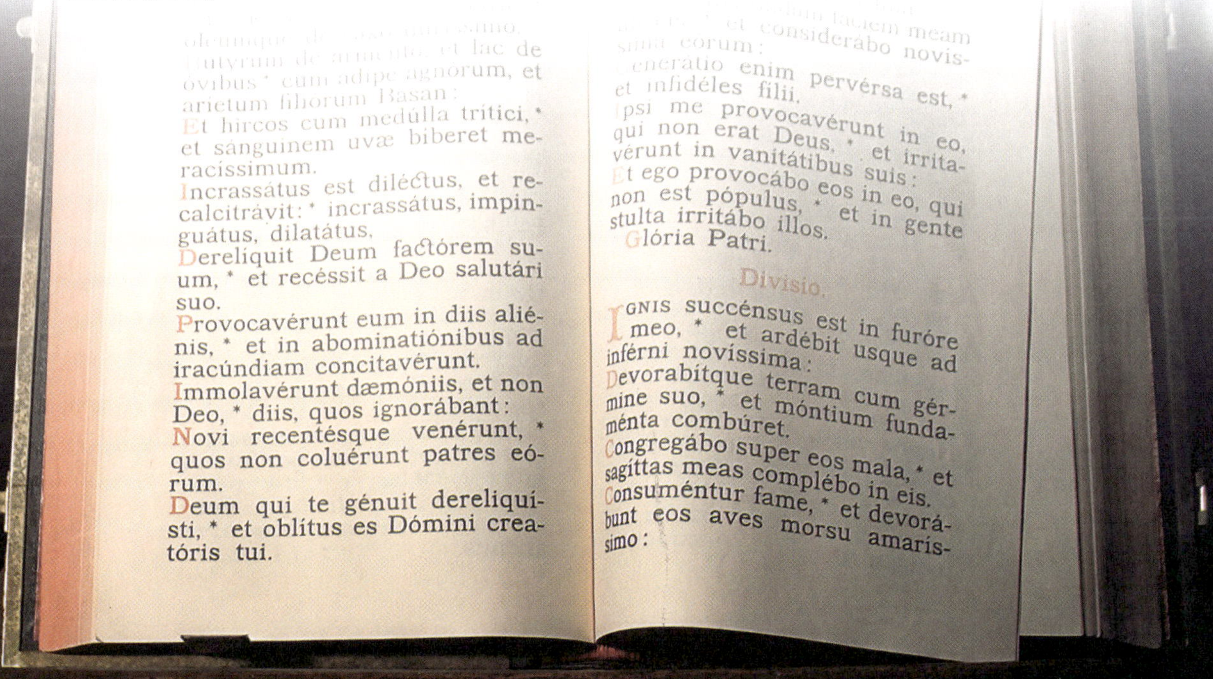

理性。”就像之前的奥利金主教一样，奥古斯丁用寓言的方式解读《圣经》。他相信上帝在《圣经》上蒙了一层纱，用来在信徒中选出能懂的人，筛掉配不上的人。

三只聪明的猴子——捂住眼睛、嘴巴和耳朵，远离邪恶。伯拉纠认为我们还有更多的选择。

即使在当时，也有基督教学者抱怨，奥古斯丁似乎把魔鬼看作人类的创造者。他们认为，宣称婴儿生来就被诅咒实在太荒谬，认为这与上帝对正义的热爱相矛盾。一位名叫摩根（被称为伯拉纠）的威尔士修道士反驳奥古斯丁，认为罪恶的是灵魂，而不是肉体，所以罪恶不能一代一代地传承。

伯拉纠坚持认为，人可以在善恶之间做出选择，而不是生来就是罪恶的，人确实要为自己的选择负责。伯拉纠还批评奥古斯丁偏向富人，富人只要在去世时将土地留给天主教修道院，教会就向他们许诺能够得到上帝的恩惠。

对奥古斯丁和教皇来说，最后一条指责太过分了，他们决定把伯拉纠“逐出教会”。伯拉纠不得不返回不列颠，在那里度过余生。真惨啊！

毫无疑问，天主教哲学的千年历史中另一个伟大人物是托马斯·阿奎那。阿奎那一生很胖，患有水肿（浮肿），两只眼睛一大一小，使他看起来总是“歪歪扭扭”的。他总是内省，经常沉默。当他开口时，通常又与别人和他的谈话内容无关。

阿奎那决心成为一名修道士，并且做得很不错，他在1323年被教皇约翰二十二世封为圣徒（赐予圣人称号），在200年后被公认为“教会的博士”，被称为“天使博士”。阿奎那得到这个荣誉，主要是因为他花费了多年时间写作《神学大全》（也叫《神学总论》）。

托马斯·阿奎那花费多年时间
写作《神学大全》。

问不完的问题

人类的情况复杂多样，有些行为对某些人来说是善良的、合理的，适合他们，而同样的行为对其他人来说却是不道德的，不适合他们。

——托马斯·阿奎那

《神学大全》由518个问题和2652个回答组成。从1266年到1273年，作者耗费7年时间才完成这部作品。该书以当时流行的“挑战性提问”形式写成。不仅是哲学家，中世纪的人多数喜欢这种口头辩论会。这种辩论会又叫“义务”，因为参加者有义务赞成、反对或者质疑对方的观点。

中世纪哲学家讨论上帝是否存在。

最先在发言中自相矛盾的人就算输了。《神学大全》的第一个辩论是关于神学的本质，第二个是关于上帝的存在。事实上，中世纪哲学的关注点往往是二元的：善与恶；有限的时间与不朽的永恒；物质和生命的本质与灵魂和上帝的本质。

哲学家通常强调阿奎那关于上帝存在的论证，而不是他那些优秀的关于上帝不存在的论证，教会更是如此。而这些上帝不存在的论证其实更新颖和有趣。例如，《神学大全》第3条，标题为“上帝是否存在”，阿奎那指出（在哲学上）上帝似乎并不存在，因为如果两个相反的事物中有一个是无限的，其对立面就将被完全摧毁。由于“上帝”是无限的善，如果上帝存在，恶就不会存在。然而，世界上确实存在恶，所以上帝并不存在。

这在本质上概括了关于恶的争论。第二种论证会让人想起与奥卡姆的威廉（约

1287—1347）有关的“简约原则”，即“不应该在解释中增加不必要的元素”。所有自然的影响都可以追溯到自然的原因，所有人为的影响都可以追溯到人类的意志。因此，没有必要假设上帝存在。

阿奎那反驳自己提出的“上帝并不存在”的论点显得很缺乏诚意。关于第一种论证，他回忆了一下圣奥古斯丁说过的话便写道：“既然上帝是至高无上的善，他就不会容忍在自己的作品中有恶，除非他是如此的全能和纯善，甚至能从恶中创造出善。”阿奎那可能没有明说，但很明显，一个纯善和全能的上帝当然也可以从善中创造出善。既然如此，何必引入恶呢？

不过，阿奎那更为详细地讨论了关于上帝不存在的第二种论证。他说：“不得不承认，上帝的存在可以用五种方式来证

如果上帝不存在，天堂和地狱存在吗？

中世纪的哲学家和神学家试图找出理由来证明战争的合理性。

明。”不过，他并没有把五种方式都讲一遍，因为他坚持认为，如果有一种论证有效，你就不需要第二种，而如果你找出了第二种，它往往会破坏第一种。

也许就是因为如此，马丁·路德把《神学大全》称为“所有异端与谬误的出现和福音遭破坏的源头”。1277年，巴黎大主教甚至试图给托马斯·阿奎那正式定罪。

现在，哲学家和神学家仍然对阿奎那的许多观点给予高度评价。其中一个就是他对“正义战争”的定义。首先，战争是由国家或统治者这种权威发起和控制的，然后“必须有正义的理由”，并且“战争必须为了善，或者反对恶”。

或许是感觉到“天使博士”的作品实在有弱点，似乎有同义反复的问题，牵涉到让组成正义的元素决定哪些战争是“正义的”，或者担心这种方法会导致很多战争，天主教会后来增加了两条规则：战争必须是最后的手段，必须用适当的方法对抗相应的不正义。像奥古斯丁一样，阿奎那也研究奴隶权利的问题，以及封建农奴问题。大多数哲学家（继亚里士多德之后）认为奴隶没有任何权利。阿奎那基

直到中世纪，大多数哲学家仍然认为奴隶没有任何权利。

本上同意，声称有些人属于他人，就像儿子属于父亲一样。他补充说：“智力超群的人自然会掌握指挥权，而不那么聪明却体格健壮的人，大自然似乎本来就想让他们扮演仆人的角色。”《圣经》对天堂的描述就是上述说法的证据，天堂里的一些天使是其他天使的上级。

然而，在借贷问题上，阿奎那（又一次追随亚里士多德）裁定这种做法是不自然的，应该被禁止。实际上，阿奎那认为，总体而言，商业行为都有点“非诚实”。“非诚实”并不完全就是不诚

托马斯·阿奎那说，无论看起来多么虔诚，并非所有基督徒都能在天堂里有一席之地。

实，它意味着“不值得”，或者“不太合适”。

商业交易的问题在于，一方试图从交易中获得比自己的投入更多的东西。这就是“非诚实”！在中世纪的社会金字塔中，贵族和主教在顶端——商人在最下层，当然比在土地上劳作的农民低。

阿奎那还裁决过许多小问题。他留下的文字证明其非常热衷于写信，经常回答陌生人的疑问，甚至包括一些相当荒谬的问题。例如，有人问他，是否所有被祝福的人的名字都写在天堂的卷宗上。他回信说：“据我所知，并非如此；不过，这样说也没有什么坏处。”他还建议：“通过良好的睡眠、洗澡和喝一杯葡萄酒来缓解悲伤。”

在回答“一个好的基督徒是否肯定能够免受永恒的诅咒”这个大问题时，阿奎那就不那么让人宽心了。他标注说，在诺亚时代，人类被洪水淹没，只有幸运的八个人上了方舟得以存活。他回忆，圣奥古斯丁写道：“只有这八个人得救，就意味着只有很少的基督徒得救，因为真心诚意放弃这个世界的人寥寥无几，而那些只在口头上放弃的人，并不属于这只方舟所代表的神秘力量救赎的范围。”

所以，阿奎那自己得出结论：绝大多数天主教徒（更别说其他人了）都是被诅咒的。阿奎那很遗憾地解释：“由于永恒的福佑超越了自然状态，特别是因为被剥夺了最初的恩典，所以只有少数人会获得救赎。”

受保护的圣徒

但是，善良的圣徒真能忍心看着那么多人永远被诅咒吗？完全正确！托马斯·阿奎那甚至认为，这将是被救赎者的福利！

阿奎那写道："圣徒们可以更多地享受上帝给他们的福佑和恩典，他们可以看到被诅咒者在地狱里受的惩罚。"

就算阿奎那中世纪式的警告今天显得奇怪而又过时（我希望如此），他的方法仍然很有价值，回归到了苏格拉底的风格和对重大问题进行开放式哲学审视。阿奎那坚持认为，论证不应该基于"描写信仰的文字，而应该基于哲学家本身的推理和陈述"。

这是一个重大进步，并对哲学的发展做出了贡献。

阿奎那表示，圣人可以看到被诅咒者的痛苦。

秘鲁库斯科大学的圣托马斯·阿奎那画像

教会当局要求阿奎那捍卫宗教在知识领域的地位，反对布拉班特的西格尔提出的主张——“即使在科学和哲学领域证明是错误的，在神学领域也有可能是对的”。这也是阿奎那最后做的几件事之一。

阿奎那认为：宗教与科学或哲学的真理并非相互矛盾，而是同一真理的不同方面；事实上，它们还是互补的。他决心赢得这场辩论，避免教会在知识领域变得无关紧要。

辩论结束后，阿奎那的追随者称赞这是他最令人信服的胜利。但是，阿奎那并未受到鼓励，反而停止了写作。

故事是这样的：1273年12月6日，在做弥撒时，阿奎那体验到了“属天异象”。当人们要求他再次提笔时，他回答：“我已经明白了，我所写的一切似乎都如草芥。现在，我等待生命的终结。”阿奎那当时还不到50岁，仅仅三个月后，他就去世了。

CHAPTER 4

第四章

THE RENAISSANCE AND THE TRIUMPH OF REASON

文艺复兴与理性的胜利

“在讨论中提及权威的人，用的不是智慧，而是记忆……”

——列奥纳多·达·芬奇

列奥纳多·达·芬奇，有史以来最著名的艺术家。

假如……

中世纪被明确称为“黑暗时代”，如果说那时的思想是以传统和宗教文本为指导，那么文艺复兴时期的思想就是在好奇心指引下自由自在地漫游。

新的思考方法开启了无与伦比的艺术创造和科学发现的时代，至少这是常见的观点。当然，事实要更微妙一些。实际上，这里应该说的是历时几个世纪的发展和转变，这在很大程度上是由经济力量推动的。

19世纪50年代版画中的法国哲学家勒内·笛卡儿

12世纪欧洲再次感受到城市的影响力是经济发展的风向标之一，随之而来的是人们有了分享想法，并一起研究和学习的新机会。威尼斯、巴黎、布鲁日和伦敦等快速发展起来的贸易中心都有超过1万人居住。

这是意大利的黄金时代，也是很多伟大作品诞生的大时代，包括马基雅维利的经典《君主论》，列奥纳多·达·芬奇的许多重要发现和画作《蒙娜丽莎》，以及米开朗琪罗的西斯廷教堂壁画。这段时期结束的标志是伽利略发现了相对论的关键原理，他还卷入了与教会之间的著名争执：到底是太阳绕着地球转，还是地球绕着太阳转。

从研究宗教文本转向研究其他内容的一种表现，是人们有了提出假设性问题的新意愿。在这个时代，人们会问：“假如……会怎样？”文艺复兴时期有丰富的思想实验成果，伽利略、笛卡儿、牛

作为一个经济发达的国际贸易中心，威尼斯在文艺复兴时期的文化发展中有重要作用。

顿和莱布尼茨等人都在其列。笛卡儿尤其热衷于思想实验，在《第一哲学沉思集》（1641）中，他最早提出了“缸中之脑”的设想，还设想了一个住满自动人偶的“可能的世界”，和一个由“恶毒的魔鬼”控制的世界。

头脑游戏

“真理一旦被发现，就很容易理解；关键是要去发现。”

——伽利略

伽利略也许是文艺复兴时期最具影响力的思想实验家。这位意大利哲学家和数学家实际上并没有从比萨斜塔上扔过两个

意大利比萨斜塔，伽利略的思想实验以此作为场景。

一大一小的球。实际上，这是一个思想实验，通过逻辑证明，所有物体必然以同样的速度下落——当然，这是忽略了空气阻力的结果。几个世纪后，阿波罗飞船的宇航员在月球的真空环境中让一根羽毛和一把锤子自由下落，用这种实验方式向伽利略致敬。

伽利略还有一个强有力的论证：我们想象自己坐在船舱内观察，看见金鱼正往鱼缸的前面游动，看见蝴蝶在船舱里持续飞行，却完全感觉不到船在运动。这个简单的类比不但为相对论提供了基础，而且开启了一个教条主义开始弱化的世界。

16世纪最著名的天文学家第谷·布拉赫（他在一次决斗中失去了鼻子，之后一直戴着假鼻子）和丹麦国王之间的关系，就是一个好例子。第谷是个酒鬼，经常和资助他进行研究的国王闹翻。有一次，他一气之下把仪器都搬去了德国。第谷去世后，他的助手约翰·开普勒在德国完成了《鲁道夫星历表》。为完成这个新的宇宙

1766年的机械天象模型，约翰·温斯洛普在哈佛大学教授天文学时使用。

丹麦哥本哈根罗森堡宫天文台前的第谷·布拉赫雕像

数学模型，开普勒偶然采用了哥白尼的一小部分早期研究成果，主要是地球围绕太阳运转。

这算是多么重大的科学革命呢？它并没有看上去那么重大。简短而贴切的说法是，哥白尼“发现”地球是围绕太阳旋转的。

实际上，这是一个古老的观点，古人已经争论过多次，在有影响的梵语、阿拉伯语和罗马语文本中都能找到。古希腊人将这些很好地记录了下来，有些还记录得相当详细。

在名为《数沙者》（*The Sand Reckoner*）

的古代文本中（看名字就知道该文本的任务之一，是确定宇宙能容纳的沙粒数量的上限），著名发明家和数学家阿基米德非常激动地写到一个叫“阿利斯塔克”的人刚刚写了一本关于天体运行的书，其中包括很多令人兴奋的假说。例如：

- 地球围绕自己的轴转动，而星星和太阳不动。
- 地球围绕太阳沿圆形轨道旋转，而太阳位于轨道中心。
- 从中心点太阳到固定的恒星球体的距离，绝对是巨大的。

新时代黑暗艺术

在文艺复兴时期，占星术是理解自然的基本工具。第谷·布拉赫在1574年的哥本哈根系列演讲中强调了占星术的重要性，因为天体、地球上的物质（金属、石头等）和身体器官之间有对应关系。

同样，第谷对炼金术的兴趣，特别是与帕拉塞尔苏斯相关的医学炼金术，几乎和他对天文学的研究一样长久。他在乌兰尼堡的天文观测站有两个功能：天文台和炼金术实验室。第谷强调了炼金术和占星术要一起研究的重要性，还铸造了一对徽章，上面写着拉丁语格言：“向下看，我能看见上面”和“向上看，我能看见下面”。

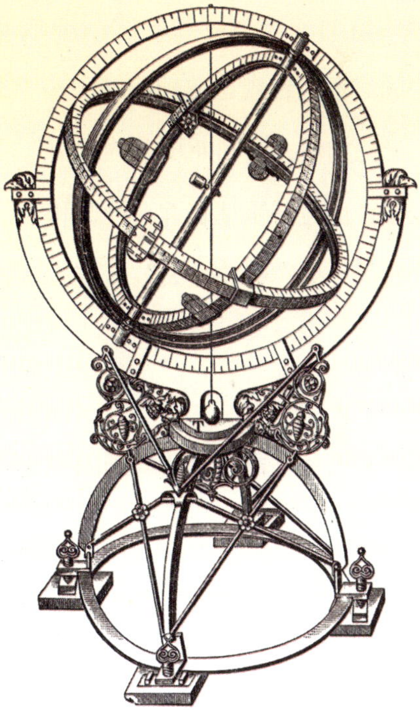

第谷·布拉赫制造的天文仪器

流浪的行星

阿基米德指出，那本新书的影响力之大，足以让希腊斯多葛派的领袖克里安西斯认为亵渎神灵而起诉阿利斯塔克。伽利略和教皇不过是重演这幕戏而已！

阿利斯塔克被特别指责：“让宇宙的炉膛运转起来……（和）假设太空保持静止，而地球沿着倾斜的圆形轨道运转，同时还绕着自己的轴旋转……”

无论如何，阿利斯塔克的“书”似乎消失了，而他并未被起诉。地球和太阳都围绕着另一个“中心之火”运转，只剩下毕达哥拉斯学派这个模糊的理论来挑战人们的日常印象：我们实际上生活在一块静止的岩石上，而天空和太阳围绕着我们旋转。

阿利斯塔克的新书让阿基米德兴奋不已。

过了好几个世纪，又有了一本书，*De Revolutinibus Orbium Coelestrium*，通常被译作《天体运行论》。这本书的作者是哥白尼，一位温和的波兰牧师和天文学家。他有个神学愿望，想把天上的“流浪者”拉回原处。哥白尼通过将所有流浪者牢牢置于圆形轨道中，实现了这个愿望。实际上，这有些偶然，因为系统价值的调整，地球本身开始运动，成为围绕不动的太阳运转的一颗行星。

人们经常忘记哥白尼实际上是个教徒。不管人们的看法如何，哥白尼的教徒身份很合理，因为教会在整个“黑暗时代”一直热心支持新兴的天文学。因此，哥白尼不认为自己是“革命者”，更不认为自己是一个神学上的革命者，反而认为自己是一个驯顺的、勤奋的天主教徒（他还从伊斯兰天文学家那里吸收了数学创新成果，但没有注明出处）。哥白尼甚至将自己的著作献给了教皇保罗三世，后者 “亲切地”接受了这份敬意。

所以，我们今天经常听到的一个

波兰华沙市内的尼古拉·哥白尼雕像

词——指科学家推翻既定正统学说的“哥白尼式革命”，似乎是历史学家凭空捏造出来的，或许是他们误解了哥白尼。

正如科学哲学家伯纳德·科恩所说，从字面上看，革命“并不是哥白尼式的，顶多是伽利略式和开普勒式的”。但是，这样听起来，“革命”并不完全相同。

哥白尼时代的教会当局非常愿意对托勒密（定期更新）的宇宙模型做出改进。闹得厉害的其实不是天主教徒，而是新教的“原教旨主义者”，他们反对所有的数学探索——一场“真正的基督教”之战正在酝酿之中。

伽利略重新整理了哥白尼的学说，决定全力支持他。其实，哥白尼的观点在当时并非那么有争议。

但是，伽利略不够圆滑，没有当好“外交官”。他的《关于托勒密和哥白尼两大世界体系的对话》（1632）尖刻而诙

意大利物理学家、天文学家、数学家和哲学家伽利略·伽利莱赞成哥白尼的观点。

谐，不仅明确表示亚里士多德和托勒密的支持者都是知识界的小丑，从教皇到教授都不例外，而且还忍不住嘲笑和自己一起支持哥白尼学说的人。

最重要的是，伽利略把对话的主角之一辛普利西奥写得像个小丑，让他成为新教皇乌尔班五世[①]的一个愚蠢的代言人，对太阳系的运行发表看法。这些其实符合实际情况——教皇需要安抚教会内部的各种派系。

1615年4月，宗教裁判所的“争议问题裁决者”红衣主教罗贝托·贝拉尔米诺发布声明，声称完全可以接受将哥白尼学说作为一种有效的假设，如果有“真正的证据”证明地球绕着太阳转，“那么我们就应该非常谨慎地解释《圣经》中看似相

① 此处疑似有误。教皇乌尔班五世在位时间为 1362—1370 年，伽利略当时嘲笑的“新教皇”应为乌尔班八世（在位时间 1623—1644 年）。

类似这个浑天仪的装置可用于绘制恒星和行星图表。

反的内容……”。

请注意，正是这位红衣主教几年前曾将另一位哥白尼的支持者在罗马火刑柱上烧死。

可怜的乔尔丹诺·布鲁诺被罗马教廷“信理部”折磨了很多年，罪名是“持有与天主教信仰相悖的观点”。这些观点与很多基督教教义有关，包括耶稣的救世主身份、圣母玛利亚的童贞、三位一体（圣父、圣子、圣灵）、基督及其化作肉身的神性、圣餐变体论和弥撒等。布鲁诺还被指控犯了大量其他罪行。

意大利罗马鲜花广场上乔尔丹诺·布鲁诺的铜像

最终，布鲁诺，这位多米尼加修道院的修道士、哲学家、诗人、天文学家和数学家，被赤裸裸地绑着送到了罗马的民政当局。他被认为是一个无药可救的异教徒，但在惩罚时应该仁慈。不过，在当时的教会看来，“仁慈”意味着把他烧死在火刑柱上。

作为欧洲最具原创性的哲学家之一，布鲁诺遭遇的这种悲惨结局通常被归因于当时的天文学争论，但事实上更可能是因为布鲁诺是一名叛逆的修道士，还写了许多书。在这些文字中，他否认了耶稣的神性。他甚至认为，即使魔鬼也不会面临上帝的审判。

相比之下，关于太阳系天体如何排序和运行的理论几乎不值一提。

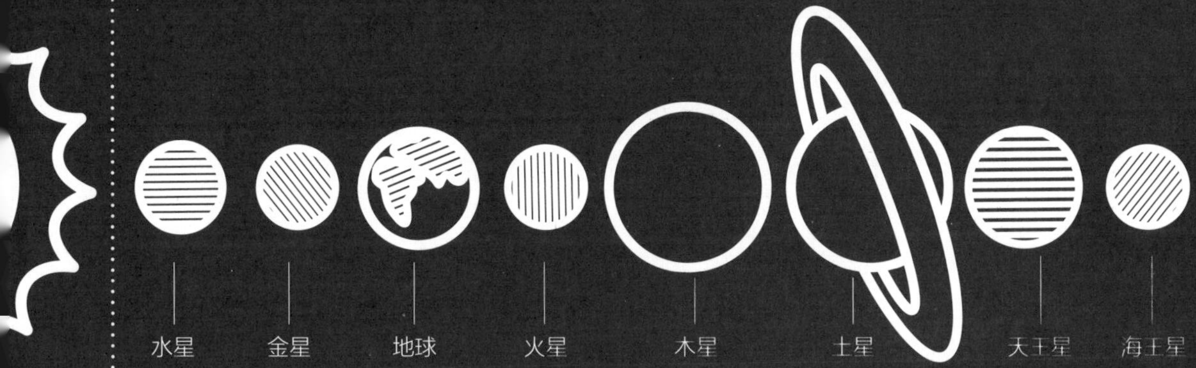

新技术，新观点

当伽利略听说荷兰人发明“小型望远镜”后，他自己建造了一个望远镜，并用“自己的发明”动摇了亚里士多德式宇宙的基础。

他把望远镜对准月球，发现月球上布满了坑坑洼洼的陨石坑，还有山脉和沟谷。他还报告说，太阳的脸上有污点。这样的称呼有点污名化太阳黑子啦！

在将望远镜转向木星时，他成功探测到了围绕木星的4颗小卫星，这意味着不能再说所有的天体都只围绕着地球转了。他还观察到了金星的不同相位，唯一直接的解释是金星绕着太阳，而不是绕着地球旋转。

教会对这些观测结果反应不一。当时最杰出的耶稣会天文学家克里斯托夫·克拉维乌斯立即找来一架最先进的望远镜，证实伽利略对木星卫星和金星相位的认识是正确的。然而，梵蒂冈还没有准备好接受伽利略的所有结论，而是“折中”采用了第谷·布拉赫的宇宙学：在这个系统中，除地球之外，所有行星都围绕太阳运转。

恒星视差

伽利略当然很了解布鲁诺的遭遇，如果感到害怕，他就会隐藏得很好。相反，1632年，他又写了一本诙谐幽默的新书来讽刺教皇。正是这本书，让已经垂暮的伽利略再次出现在可怕的罗马宗教裁判所面前。

教廷的这次判决多了一些同情心。伽利略被判处“放弃”自己的理论，再也不能就这个话题发表意见，并被迫在佛罗伦萨附近一座舒适的乡间小屋里度过余生。

伽利略的著作被列入禁书名单，并且一禁就是好几个世纪，这就是政治和宗教对科学的荒谬干涉。

反对太阳是宇宙中心的一个常见论点是，就像古希腊人讨论地球是宇宙中心的时候已经分析过的那样，如果地球真是围绕太阳运行的话，那就应该可以在天空中观测到所谓“恒星视差”现象——由于地球位置变化而导致恒星相对位置的细小变化。

这就意味着，如果地球绕着太阳公转，那么从地球上应该能观测到其他恒星的位置变化：先从地球位于公转轨道的一端开始观测，等六个月后地球公转到另一端时再次观测，应该就可以观测到恒星位置的变化。

视差效应

“视差效应”并不像听起来那么复杂。例如：你看见窗外的一棵树，注意一下树挡住了什么东西。然后，你去房间同侧的另一个窗口，看看那棵树是否还挡住同样的事物。树肯定不会遮挡完全一样的东西。或者，你把手放在眼前，两只眼睛交替眨眼。从两个不同的窗口向外看，就相当于在地球绕太阳“假想”轨道的两端观察遥远的恒星。

更重要的是，如果哥白尼的理论正确，这些“窗口”之间的距离就是巨大的！

然而，无论多么努力观察，天文学家都看不到恒星之间位置的任何变化。恒星看上去确实像牢牢固定在宇宙这个水晶球上。直到300年后的1838年，人类才第一次成功观测到确定的视差效应。

对视差效应的理解与对透视法的理解密切相关。透视法是文艺复兴时期的一项伟大创新，在拉斐尔和达·芬奇等艺术家的杰作中都有体现。

视差效应需要通过透视法来理解。

如何看待月球

请忘记你可能读过的那些声称伽利略代表事实，而教会笃信教义的说法。在伽利略所处的时代，观测到的事实证据并不站在他这边！

当然，只有忽略其他恒星比人们想象的要远得多这种可能性时，上面的说法才正确。

事实上，宇宙的规模远远超出人类经验的范围。伽利略自己也犹豫过是否要论证这种观点。

同样，伽利略声称观察到的许多月球特征都与肉眼所见不符。当时的一位天文学家说伽利略的观察结果是“大脑太活跃的结果，而不是细心用眼睛观察的结果”。望远镜“揭示”出来的彩色气体云其实只是镜片的扭曲作用。

哥白尼理论还有另一个重要的经验主义弱点，他断言行星围绕太阳运行的轨道是完美的圆形，伽利略也是如此断言的，即便这违背了开普勒的数学研究成果。耶稣会的天文学家很容易证明这些与观测结果不符。

但是，伽利略并不为这些细节烦恼。通过观察，他提出的是根本性的观念转变。

现在，不再有单一的参照点——“向上”和“向下”这样的词传达的信息不再是单纯明确的。从此刻开始，他希望有多个参照“框架”，像“静止”或“移动”这样的常见术语仅仅是相对而言的。

事实上，伽利略才是提出相对论的第一人。在他看来，月球并不是飘浮在地球上方，而是由一个复杂的万有引力网络维持在那个位置。

在当时，这实在是令人匪夷所思的。哪怕声称月球是用绿色奶酪制成的，别人会当真的可能性也更大一些……

如果你是艾萨克·牛顿，就不会忽略伽利略。牛顿小时候在年轻牧师约翰·威尔金的《发现新世界》（1638）一书中读到过关于月球的深奥辩论。

艾萨克·牛顿爵士的万有引力理论，并非因为看到一个苹果从树上掉下来而受到启发。

牛顿并非看到苹果从树上掉下来得到启发，而是在思考月球问题的推测中，有了关于万有引力理论的灵感。他更加确切地认识到，在一定距离以上，万有引力的影响必然减弱。

艾萨克·牛顿在圣诞节出生于一个农村家庭，由于不会放牛，最终去牛津大学为富有的学生陪读。一到学校，他就尽情享受图书馆里的知识，列出了一长串打算研究的大问题，这些问题涵盖了人类已有的全部知识。

在这件事上，他不幸失败了。他的研

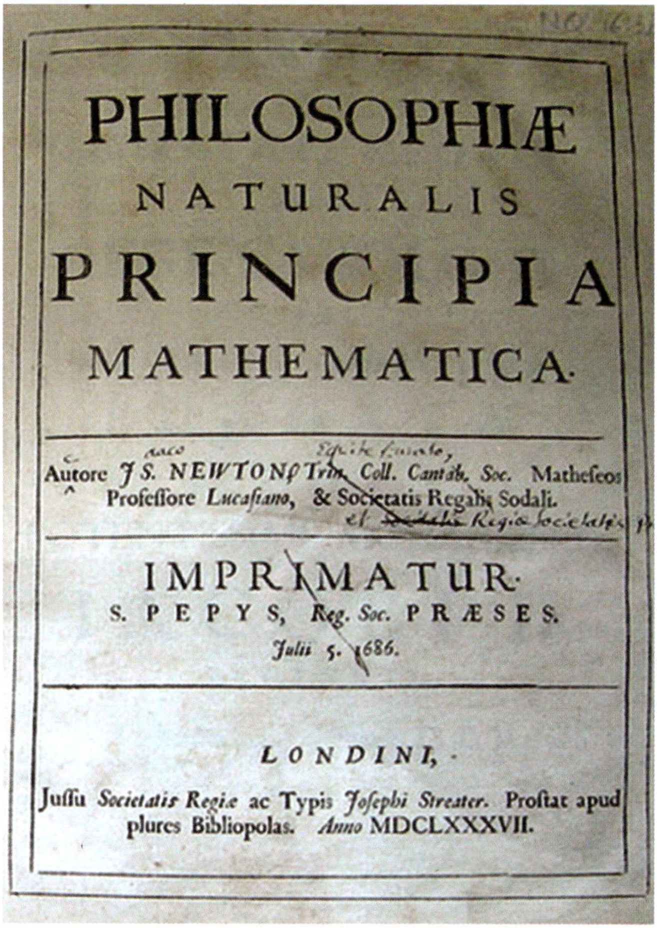

PHILOSOPHIÆ

NATURALIS

PRINCIPIA

MATHEMATICA.

Autore JS. NEWTON, Trin. Coll. Cantab. Soc. Matheseos Professore Lucasiano, & Societatis Regalis Sodali.

IMPRIMATUR.

S. PEPYS, Reg. Soc. PRÆSES.

Julii 5. 1686.

LONDINI,

Jussu Societatis Regiæ ac Typis Josephi Streater. Prostat apud plures Bibliopolas. Anno MDCLXXXVII.

牛顿自己复制的《自然哲学的数学原理》副本

究没有超过前六项内容，如运动的性质、化学变化、重力、光线和时间。

牛顿晚年一直在秘密寻找“哲人之石”，但最终没有结果。虽然如此，人们认为牛顿对科学的贡献足以媲美欧几里得对数学的贡献。牛顿的《自然哲学的数学原理》（1687）将力学变为一门系统化科学，即研究物体及其运动方式的科学，就像欧几里得将几何学系统化一样。两者都为其他人规范了学科的术语和定义。

牛顿认为有必要处理明显的哲学问题，如“空间”和“真正的运动”的本质（特别是笛卡儿的观点），以便解决一些悖论，例如这种矛盾的认知：地球可能在任何时间“加速”远离太阳，但同时静止不动。

时代精神

虽然牛顿的“绝对空间”理论（更不用说“绝对时间”）似乎已经被相对论推翻，但爱因斯坦坦率承认牛顿才是为世界提供研究框架的人。

牛顿和伽利略对自然哲学的影响非常巨大，以至于当时其他重要人物很容易被忽视，弗朗西斯·培根就是其中之一（1561—1626），这位英国人在一个世纪前就开始写作了。然而，在许多方面，培根比神秘而激进的牛顿和自负的伽利略更能代表真正的时代精神。

培根是一位人脉很广的律师、哲学家和政治家，他（像马基雅维利一样）写了很多书“给统治者献计”，让英国女王伊丽莎白一世非常高兴，封他为大法官。

培根最重要的工作是研究科学方法，以及如何解决所谓的归纳法问题。归纳

弗朗西斯·培根，圣奥尔班子爵。

理解大自然

牛顿的第一运动定律就是伽利略的惯性原理，即在直线上匀速运动的物体将保持该状态，除非受到力的作用。

这一原理解释了从高处抛出的物体为什么不会在抛出点的西面着地，在理论上这是地球绕轴线自转应有的效果，因为物体在下落时仍然保持这种旋转运动。

牛顿的两部伟大著作是《自然哲学的数学原理》和《光学》，后者也包含力学、宗教甚至伦理学等不同学科的内容。

牛顿总是认为自己的方法是以经验为依据的，基于观察和测量，然后提出理论来解释“事实”。

如果遇到无法解释的事情，牛顿就把它们放在一边，并如实记录下来。重力就是一个难解之谜，而他用数学解释力，并展示大自然如何遵循这些数学定律。

牛顿揭示了行星、月亮和我们周围所有物体运动的秘密。

牛顿几乎以一己之力创造出来的框架撑起了现代物理学，并塑造了后人理解宇宙的方式。

子弹从枪口发射，如果不考虑发射后作用于子弹的各种力量，它会继续沿着直线移动。

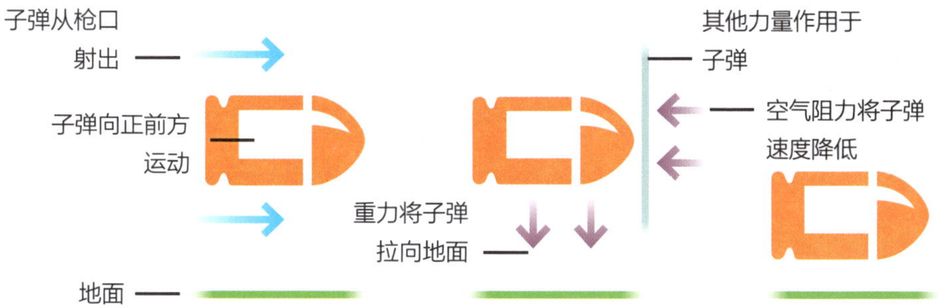

弗朗西斯·培根考虑过很多科学问题，如太阳如何提供热量和光线。

法是指从有限的数据中得出一般性的结论，是一种哲学家抱怨已久的实践和推理方法。严格说来，归纳法在逻辑上是无效的。

真正代表新时代精神的是培根，让我们先来仔细了解一下这位被低估的思想家。在通常情况下，弗朗西斯·培根被认为是英国第一个“经验主义者”。

培根概括了科学方法的新思想，并致力于开发一种系统，将从经验中得出的数据与有时被称为“排除归纳法”的负面推理形式结合起来。

这是为了给某些知识提供坚实的基础，同时允许想法和研究尽可能广泛发散。

例如，培根建议科学家研究热度和亮度之间的关系时，既考虑发光同时发热的情况（阳光），也应该考虑发光却不发热的情况（如磷光）。然后，他们才能尝试做出假设来解释事实证据。

这种方法可能反映了培根对法律的兴趣，因为英国普通法是由过去的判例积累“归纳”发展而来的，然后才被用作判决新案件的既定原则。

培根建议科学家研究发光却不发热的情况，如这只蓝色水母发出的光。

培根摒弃了长期以来的哲学假想（柏拉图是这种假想的代表人物），即认真彻底研究语言的含义就可以获得真正的知识。培根指出，这就像在你自己的头脑中织网一样。

对于亚里士多德大量堆积经验数据，期待真相自动浮现出来的方法，培根也不赞同。

相反，培根强调需要一种能够理解数据本质（实际上也是能够理解数据“混乱”）的理论洞察力。

大自然的假象

在培根的著作《*Novum Organum*》（1620年出版，通常被译为《新工具》，工具指哲学作品集）中，他提出四个“假象”主导自然界的哲学研究。这是培根最重要的著作，而他一直没有完成。

四假象说

- 族群假象。这些都是我们天生无法摆脱的倾向，比如倾向于在没有秩序和模式的事物中看出秩序和模式，或者被自己的感官误导。例如，接触过冰雪而变得冰凉的手会觉得水的温度比实际的温度要高。

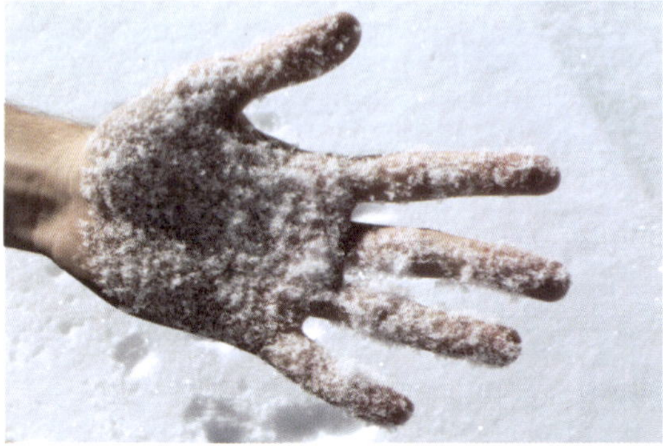

冰雪影响手对热量的感知。

洞穴假象侧重于成见。

- 洞穴假象。这些错误是因人而异的（并非集体所有），取决于每个人的经历和文化知识。这个假象指人倾向于根据过去的经验来评判新的经历，带着先入为主的成见来看待一切。

词汇和语言是市场假象的核心。

- 市场假象。这些是指通过社交互动产生的错误，最典型的是由使用或滥用语言造成的。培根特别警告，不要使用行话，并谴责各种专家创造新名词和凭空构建新实体的习惯。
- 剧场假象。这是指人类偏于喜爱宏大叙事，喜欢参照一两个例子就给许多事件找出在美学上令人愉快的解释。社会科学里有很多这种解释。我们可能认为，贫穷和没有受教育的机会“解释”了某个小孩为什么会成为银行劫匪，但有很多同样贫穷和没有受过教育的孩子事实上做出了不同的选择。

培根告诉我们：“研究科学的人要么是相信实验的人，要么是信奉教条的人。

“做实验的人就像蚂蚁，他们只收集和利用东西；凭空推理的人就像蜘蛛，用

剧场假象的背后是复杂的故事。

自己本身的物质织网。

“但是，蜜蜂采取了中间路线：它从花园和田野的花朵中收集材料，用自己的力量进行转变和消化。这才是哲学的真谛：哲学不完全（也不主要）依靠心智的力量，也不应该把从自然历史和机械实验中收集到的东西原封不动地堆放在记忆中，而是将其改变和消化之后进行理解。

“因此，蜜蜂的做法将这两种能力——实验能力和推理能力——更紧密、更纯粹地联系起来（到目前为止，并没有人做到），带来了更多的希望。”

培根将教条主义思想家描述成像蜘蛛一样。

培根认为真正的哲学家应该像蜜蜂一样。

蚂蚁与蜜蜂

培根还给出了几个类比，表示人类知识应该如何发展。培根认为，柏拉图这种哲学家向内寻找知识，就像蜘蛛一样，他们织成精致的网，所用材料都来自自己的大脑。

另外，正如亚里士多德在一定程度上所做的那样，那些只看证据的人，就像蚂蚁一样，永远在收集小碎片，并将它们粘在一起，形成一大堆信息。

培根认为，真正的哲学家就像蜜蜂一样。蜜蜂从自然界中收集所需物质，然后将其转化为在数学上完美的蜂巢和美味的蜂蜜。

《新工具》

正如前面提到的，弗朗西斯·培根在政治上非常活跃，当时所有伟大的思想家都是如此。在欧洲文艺复兴时期，伴随着科学的兴起，哲学家从研究上帝转向研究人类。

人们对人与自然的关系感兴趣、对人类心智的判断和能力充满信心，并且深信从人类利益的角度来考虑道德问题比从某些假定的神性的角度来考虑更好。彼特拉克（生于1304年）通常被认为是第一位人文主义者，而伊拉斯谟（生于1466年）被认为是人文主义最伟大的代表人物。

意大利佛罗伦萨乌菲兹美术馆内尼可罗·马基雅维利雕像

但是，当时最著名的政治哲学家无疑是马基雅维利。

马基雅维利的方法很像弗朗西斯·培根的方法，但他是用于人类社会。他纵观历史，研究某些事例，并记录相关统治者的结局，无论是好是坏。

然后，他提出一个假设，并用事实检验，要么证实，要么证伪。正是在这种意义上，马基雅维利提出了用怎样的手段去实现某些目标，而不管这些目标本身有没有美德或价值。

马基雅维利关注的是如何确保政治上的成功。像美国前总统贝拉克·奥巴马这样雄心勃勃的政治家，至今仍在阅读他的

1646年版马基雅维利《君主论》

作品，这并不奇怪。

你可能会想，要问的第一个问题是“如何成功”，但真正要确定的第一件事是“什么”。什么才算成功？马基雅维利提出了三个可能的领域：国家安全、国家独立和强大的宪法。正如一句脍炙人口的话所说，为实现这三个目标，可以不择手段。

许多政客同样错误地认为，只要目的是好的，那么采用何种手段并不重要。马基雅维利写了两部经典著作——《君主论》和《论李维》，后者是一部篇幅较长，不如前者知名度高的作品，提供了更加细致入微的视角。

在这部作品中，重点是权力分配和对宪法的保护与支持。

社会理想

16世纪的意大利得益于几个具体的特点，就像几个世纪前的希腊一样，成为艺术、哲学和政治思想的沃土。

当时的意大利经济发达，政治多元，又有复杂的世俗文化。城邦或“市镇”由它们的“王子”掌管，由此产生了各种各样的政治形式，比如威尼斯的寡头政治、米兰的专制统治和佛罗伦萨的民主政治。

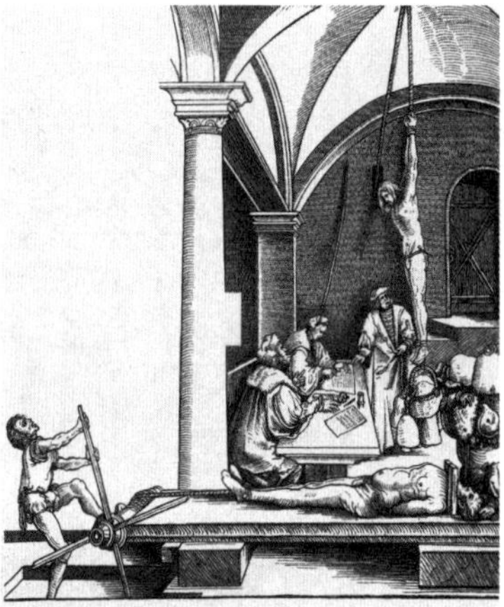
马基雅维利在佛罗伦萨发生动乱时被逮捕，遭受折磨。

佛罗伦萨是意大利一座伟大的城市，但丁在这里写下了《神曲·地狱篇》中的地狱景象，还写下了关于人类社会政治的内容。

但丁考虑一个问题：“人通常可以通过单打独斗或相互竞争获得更多的利益，为什么想要和平共处的群居生活呢？”但丁推断社会生活有利于人们发展普遍的潜能，尤其是发展理性的最好方式。曾为佛罗伦萨新民主政体工作的中层公务员马基雅维利采取了不同的方法。

马基雅维利并不是理想主义者，他完全专注于实用政治，在书中经常提到政府的“真正问题”。

在佛罗伦萨的民主制度崩溃后，美第奇家族企图卷土重来，进行大清洗，马基雅维利被逮捕，遭受折磨。美第奇家族统治佛罗伦萨，这个家族的名字本身已经成了纵欲和腐败的代名词。

等到最终被宣布无罪，马基雅维利才得以从公务员职位上退休，集中精力撰写他的政论文章。就是在这样的背景下，他写下了两部有史以来最具有影响力——也最富有争议——的政治作品：《君主论》

但丁《神曲·地狱篇》中的一幕：阿谀奉承者遭受惩罚。

和《论蒂托·李维之罗马史前十卷》（通常被简称为《论李维》）。

在马基雅维利时代，意大利人的日常生活与当今工业化的、受高科技影响的生活截然不同，他的思想在当时很有意义，甚至意义重大。在16世纪的意大利，社会权力在三大群体中分配——农业群体、工业群体和官僚群体，马基雅维利曾经就是其中一员。

这种社会权力分配在今天几乎没有任何变化，有点令人惊讶。即便是马基雅维利对军事冒险的讨论，也可以被用于对当今经济竞争的战略和效果的表述，就像《孙子兵法》一样。《孙子兵法》是中国古代的军事著作，作者孙武是一位高级将领，也是一位军事家。

或许，马基雅维利最具争议并寡廉鲜耻的主张是：如果君主必须在让臣民惧怕自己或者爱戴自己之间选择，那么最好选择让臣民惧怕自己，因为“爱是由义务来

意大利托斯卡纳大区城市佛罗伦萨，但丁和马基雅维利在这里完成了他们影响深远的著作。

维系的，对自私的人类来说，一旦达到自己的目标，这种义务链条就会被打破；而维系恐惧的是人类对惩罚性后果的惧怕，这种惧怕非常有效，不会失灵”。从这个意义上说，马基雅维利很像一个世纪后的托马斯·霍布斯，霍布斯认为恐惧对社会秩序至关重要。

马基雅维利对君主的建议还包括：

“……如果君主不得不剥夺他人的生命，必须有正当理由和明显的原因才行；最重要的是，他必须忍住，不去夺取别人的财产，因为人们更容易忘记父亲怎么死的，而不容易忘记自己怎样失去了本来应该继承的遗产。”

当然，正如马基雅维利指出的，“夺取财产的借口是永远层出不穷的，一个以掠夺为生的人总会找到夺取他人财物的理由，而夺取生命的理由则稍纵即逝”。

不公正带来的风险

实际上，马基雅维利的大部分恶名可能是因为抨击教会，他指责罗马主教（教皇）是意大利政治堕落的罪魁祸首。在弥留之际，他请求教皇赦免，最终获得了宽恕。

当然，这种有点虚伪的策略非常符合马基雅维利的政治哲学。马基雅维利对基督教的真实态度可以从他的文章中看出："我们的宗教赞美的是谦逊和沉思的人，而不是采取行动的人。宗教认为人类最崇高的品质是谦卑、克制和对世俗事物的蔑视……"

相反，马基雅维利给文艺复兴时期的欧洲统治者提供的建议是超越传统价值观，尤其是基督教价值观，并践行一种独

有的、具有特权的统治者道德观念。

当然，这不仅是马基雅维利一个人的观点，甚至柏拉图也在其“高尚谎言”中承认这一点。他用这种谎言来解释公民的不同教养和角色。

选举腐败、使用暴力和欺骗手段操纵舆论，在某种程度上是政治常态，在教皇处理事务时尤为明显。马基雅维利只是简单说出了大多数政府都在采用的政策，只不过政府更喜欢进行遮掩。

许多人误解了马基雅维利，他并不主张“实力即正义”，更不认为政府可以“为所欲为”。相反，他始终坚持认为：如果忽视不公正的存在，将面临极大的危险。

他敦促统治者：“每个国家、每个君主，不仅要重视伤害全体人民的罪行，还要考虑只伤害某个人的罪行有多么严重。”

他敦促王子们“考虑每个共和国和每个王子对这种罪行的重视程度，不仅在一个人受到伤害时，而且包括它影响到一个人时”。

日落时的佛罗伦萨大教堂建筑群

马基雅维利复述了希腊贵族帕萨尼亚斯的故事，很好地证明了他的观点。帕萨尼亚斯被国王的另一名亲信侮辱，国王不仅没有惩罚侮辱他的人，还将其升职。为发泄愤怒，帕萨尼亚斯冒着“巨大风险”刺杀了国王，同时赔上了自己的性命。

马基雅维利讲这个故事是为了说明，允许不公正存在，并不符合君主的利益。我们也可以说，压迫少数群体不符合国家利益，因为这些群体最终可能诉诸暴力，即使无法用暴力手段取胜。

另一位伟大的政治哲学家托马斯·霍布斯怎么看呢？

霍布斯的观点在1651年出版的《利维坦》一书中有详细阐述，该书写于英国内战期间，全名是《利维坦，或教会国家和市民国家的实质、形式和权力》。

“利维坦”本指一种海怪，这是个奇怪的标题，也是霍布斯使用的隐喻。不

托马斯·霍布斯的《利维坦》写于奥利弗·克伦威尔强行解散议会导致的英格兰大动荡时期。

托马斯·霍布斯《利维坦》一书的扉页插图

过，他的书本来就是打破传统法律、宗教和政治的奇怪混合体。全书隐隐透露出心理上的负罪感，让人想起一千年前的奥古斯丁用数千页篇幅一边拼命道歉，一边责备自己。奥古斯丁责备自己太邪恶，居然去偷梨。更糟糕的是，他居然觉得偷来的梨很好吃！心理学是托马斯·霍布斯理论的核心，而他的政治理论才是最有趣，也是最重要的，这是马基雅维利之后的首个重要的政治理论。

霍布斯概述了一些几乎像公理一样的假设，将它们作为基准，政治理论在书中像几何原理一样呈现出来。其中一条就是：人类只是机器，受所谓“欲望”和“厌恶”驱使而行动。

“在人的身体里，有些微小的运动开端出现在走路、说话、敲击和其他可见的动作之前，这些开端被称为‘激情’。当‘激情’倾向某种事物时，就叫作‘胃口’或‘欲望’。后者是一般通用的名

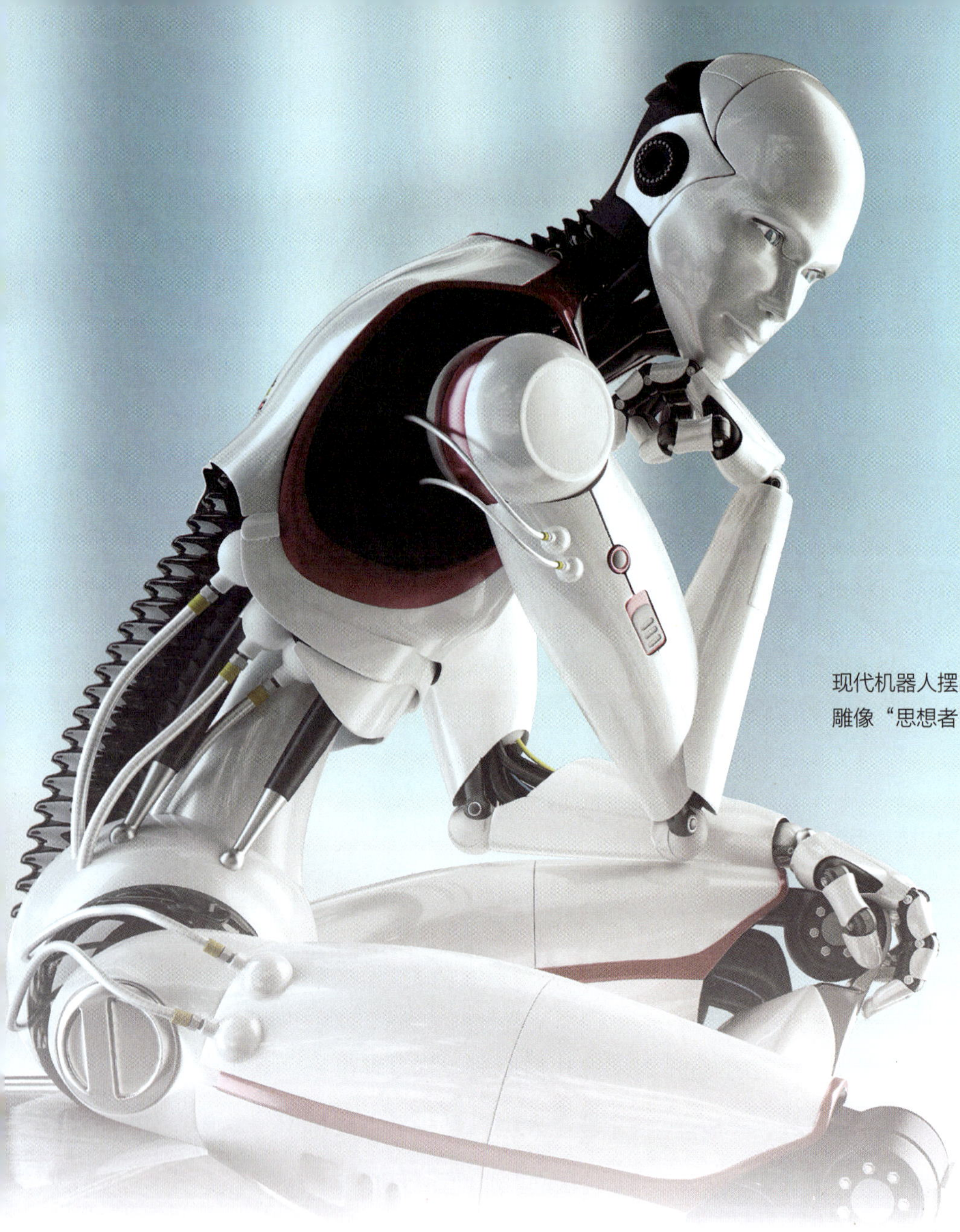

现代机器人摆出奥古斯特·罗丹的雕像“思想者”的姿势。

称，而前者则往往被限制，以表示对食物的欲望，即饥饿和口渴。当激情远离某种事物时，就叫作‘厌恶’。”霍布斯是这样进行总结的。

今时今日，我们经常在思考电子计算机是否真的有生命；在霍布斯的时代，人们思考的则是自动机器是否是人造生命。类似钟表发条的自动机械被大量使用是那个时代的重要特征之一，在富裕城镇教堂的尖塔上通常会有大型钟表，像夸张的儿童玩具一样。

霍布斯说，动物或人类并不比自动机械更具有意识，人类也并非比机器更能够自由控制自己的冲动。

这些“冲动”中有一些（但不多）是天生的，其余的都是由人的经验造成的。每个人都努力想满足这些欲望，只是程度和品位有所不同。

霍布斯说，“人类机器”是用自私作为驱动自己的能量。他质疑人类是否能够做出真正利他的行为，甚至认为即便是明显仁善的行为实际上也是利己的，也许是为了让做好事的人自我感觉良好。他认为，“人类的普遍倾向是：对权力具有永不间断的、永不满足的欲望，至死方休”。

这种关于人类动机的心理学理论往往会被人与尼采联系起来，有时也与黑格尔进行联系，而200年前的霍布斯说得更加令人信服，也更加简练。

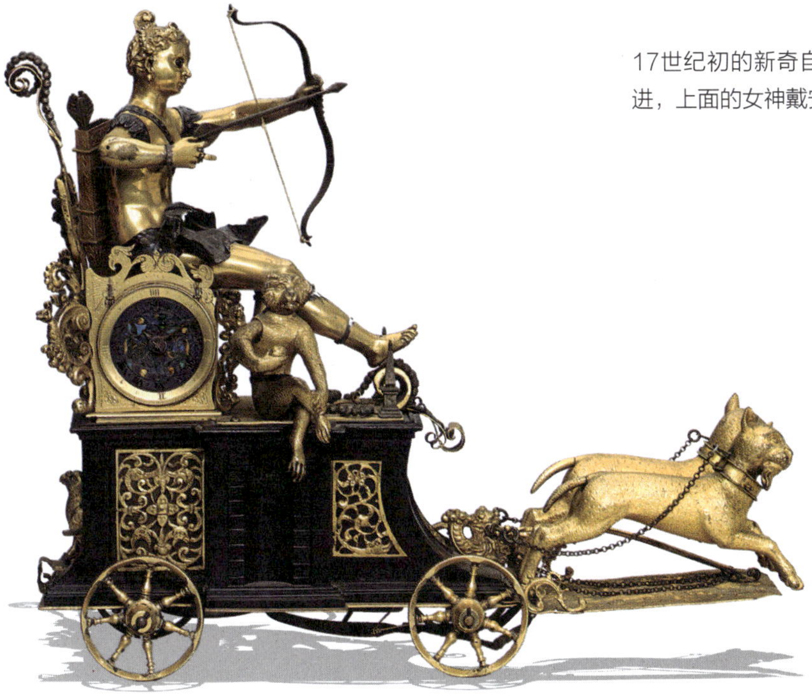

17世纪初的新奇自动机械，轮子可以往前转动前进，上面的女神戴安娜还可以射箭。

CHAPTER 5

第五章

ENLIGHTENMENT, PHILOSOPHY AND THE RISE OF SCIENCE

启蒙运动、哲学与科学的崛起

“……人可以想象出虚假的事物，但只能理解真实的事物，因为如果事物是虚假的，对它们的理解就不叫理解。”

——艾萨克·牛顿

艾萨克·牛顿爵士用棱镜研究组成阳光的各种颜色。

笛卡儿认为，感官可能误导我们。

现代哲学

“现代哲学”这个词，是指学术派哲学家所说的“真正的哲学”，而不是什么特别具有现代性的哲学观点。人们通常认为，现代哲学始于17世纪法国的勒内·笛卡儿。

笛卡儿宣称自己的目标是把数学的严谨性和确定性带入哲学，这个目标并不是他首创的。他的著名格言“我思故我在”从此成为哲学家的座右铭。

这可能是笛卡儿所有论点中最著名的。笛卡儿声称，利用这个逻辑确定性金块，他可以驱散所有困扰哲学推理的恶魔。

对于像笛卡儿这样的理性主义者来说，基本的出发点就是，人类的感知总是具有潜在的误导性。

“感官时不时地会欺骗我们，谨慎的做法是永远不要完全相信曾经欺骗我们的人或物。”

——勒内·笛卡儿

相反，理性主义将理智和演绎推理作

我思

笛卡儿的“我思”是一个很短的论述。有几种形式，但最著名的是：

我思
故
我在

在拉丁语中写作“cogito，ergo，sum”。然而，拉丁语版并不是最初的原文。对于这样一个简短论述，拉丁文实际上很不明确。比起这个“简洁版”，笛卡儿本来的意思更像是这样：

我知道我在思考，
只有存在的东西才能思考。
因此，每当我意识到自己在思考时，
我就知道自己存在。

雕塑家奥古斯特·罗丹的雕像“思想者”

为知识或正义的来源，而不诉诸感官体验。这种方法将数学引入哲学，并与经验主义形成鲜明对比；经验主义者认为，所有知识的来源都是感官体验和感官知觉。

理性主义学派有时被称为欧陆理性主义，因为其关键人物——笛卡儿、莱布尼茨和斯宾诺莎——都是欧洲大陆人。然而，英国伟大的思想家艾萨克·牛顿也

戈特弗里德·莱布尼茨，德国哲学家、数学家。

活跃于同一时期，他在很大程度上也是一个理性主义者，远非一个“英式经验主义者”。因此，对于这种地理区分，不必过于认真看待。

关于这三位欧陆理性主义巨人，有一点是人们不常注意的，那就是他们全都没有善终。笛卡儿染上了肺炎，在瑞典客死他乡。对他来说，瑞典不过是自己并不喜欢的冰天雪地。斯宾诺莎去世时只有44岁，他的书还被教会列入禁书名单。而莱布尼茨在最后的日子中被指责剽窃别人的想法。莱布尼茨的葬礼只有他的秘书出席，其陵墓在后来的50年中都没有任何标志。这三位思想家都被怀疑使用黑魔法，也许还参加了政治活动。

从表面看来，理性主义并没有多少价值。理性主义的重点完全在于思想，而这些哲学家肯定是有思想的。

欧陆理性主义者

- 1596年，勒内·笛卡儿出生于法国图赖讷拉海。
- 1632年，巴鲁赫·斯宾诺莎出生于荷兰阿姆斯特丹。
- 1646年，戈特弗里德·莱布尼茨出生于德国莱比锡。
- 1637年，笛卡儿出版了《方法论》，这是一部不寻常的作品，以其引人入胜的第一人称风格而闻名。然而，该书新奇之处与笛卡儿的现代性并没有多大关系，因为它只是另一本很传统的书的前言，而那本书一直没有出版。
- 1670年，斯宾诺莎出版了《神学政治论》。7年后，《伦理学》一书在他死后出版。
- 莱布尼茨写作了大量短文和书信，生前只有一部长篇作品《神义论》出版。他的《形而上学谈话》出版于1686年，《神义论》出版于1710年，《单子论》出版于1714年。

荷兰哲学家巴鲁赫·斯宾诺莎

意识和物质

笛卡儿的新知识结构基础是找出为数不多的几个基本确定性，将其标记为明确的真理，然后在此基础上进行扩展。

例如，笛卡儿发现“无法”怀疑自己思想的存在，但完全可以想象自己的身体不存在，于是得出结论：世界由两种不同的实体组成——意识和物质。意识——那个“会思考的东西”——是另一个实体，完全独立于肉体而存在。

笛卡儿有个著名推测，你很可能梦见自己坐在中世纪屋里温暖的火炉旁，而实际上并非如此——你可能只是躺在床上。他说，既然我们对一切事物的观点都有

笛卡儿认为，无论身在何处，个体对自身思想的认识总是确定的。

可能是错的，那么只剩下一件事不可能搞错，那就是：如果你认为自己在一个温暖的火炉旁，那你肯定是这样认为的，不管你实际上在哪里，是窝在床上，还是在海滩上打盹儿。你对自己思想的认识是直接而确定的。

这个想法一点也不新鲜。事实上，笛卡儿只是在重述一个古老的天主教观点，这个由奥古斯丁写下的观点其实是在复述亚里士多德的观点。奥古斯丁曾教导人们：“不存在的人不可能受骗；所以，如果我受骗了，那我就是存在的。”

作为在严厉和正统的耶稣会导师之下受教育的人，笛卡儿在他的哲学中乖乖地重复了许多奥古斯丁的信条。这能有多么“现代”啊？它并不现代，笛卡儿也没有真正努力去检验古老的教会教义。最重要的是，他的“普遍怀疑法”并不包括怀疑那些看起来特别合理的观点。

世界命运真的掌握在上帝手中吗?

神的启示

对奥古斯丁来说，为弥合争论上的分歧而宣布得到“神的启示”是合情合理的。笛卡儿也效仿他，宣称有些事情是上帝不允许的，以限制怀疑主义。

更重要的是，他认为，在我们看来显而易见的一切——“能被清楚感知的一切”——就一定是真的。从许多方面来说，如果事情看起来非常明显，就没有必要去“探究”了。我们还记得，欧几里得的几何学就始于几条明显“正确”的公理，如果他不这样做的话，就无法发展出那些有趣而强大的定理。

另外，依赖常识的方法，也就是笛卡儿所说的“自然之光”①，导致这样一种可能性：我们会怀疑别人通过自然之光看到的真理。谁来判断什么是理所当然的呢？

意识、思想、头脑——即使在今天，这些术语也没有很好地被人们定义和理解。很明显，笛卡儿的思想中有一些与传统基督教永恒灵魂的概念非常接近的东西。

笛卡儿喜欢研究动物和人的活动，并在动物身上做了许多残酷的实验。事实上，他声称在人体内发现了一个小腺体（今天被叫作松果体），他认为是灵魂居住的地方。他认为，就是这个腺体指导身体其他部分的活动，不是通过生物化学或物理途径。

这样说来，有个问题没法解决：负责思考的东西和物质实体之间如何相互作用？笛卡儿试过这样的想法：灵魂对通过腺体的各种粒子有一种奇怪影响，可能还有一种指导作用。当时还有一种叫“同步时钟可能性”的解释：神的意志应该已经安排宇宙和谐运转了。例如：当你（意思是你的思想）想吃东西时，你的身体也正好想吃东西。实际上就是说，这还是上帝的功劳。

可惜，在笛卡儿的体系中，动物没有灵魂或感情。他坚持认为动物是无意识的野兽，只不过是机器。笛卡儿会砍伤狗和

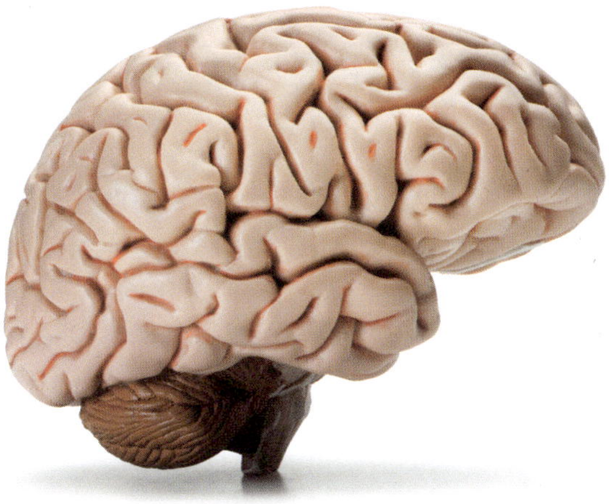

笛卡儿声称找到了大脑中灵魂所在的位置。

① 笛卡儿在《第一哲学沉思集》中提及自然之光“lumen naturale”这个概念，但没有明确定义。这是因为，对笛卡儿的同时代人而言，自然之光并不是一个陌生的概念。它出现在中世纪的大量文本中，基本上等同于人类理性，与“信仰之光”区别。

猴子，完全不理会它们的惨叫声，只当作是复杂机械装置里齿轮转动的声音。

笛卡儿还解释，哲学就像一棵树，以形而上学为根，以物理学（我们今天所说的科学）为干，以人类所有其他研究为枝。他还补充说，人类广泛的研究只有三个主要来源：医学、力学和道德。医学、力学和道德？道德是物理学的一个分支？在这里，哲学家笛卡儿似乎想把世界简化为一台机器，正如批评他的人经常说的那样。

还有一个关于笛卡儿的奇特故事，可以说是市井传说之一，似乎在他1650年去世不久就流传开了。这个故事与他的女儿

笛卡儿将哲学比作大树的不同部分。

弗朗辛有关。笛卡儿终身未婚，但确实有过一段恋情，女方叫海伦娜，是笛卡儿在阿姆斯特丹寄宿的一家书店的员工——弗朗辛就是这段恋情的结果。

在传统家庭关系方面，哲学家并不很成功。斯宾诺莎、莱布尼茨和笛卡儿都是单身汉。如果说苏格拉底和妻子赞西佩（比他小40岁）似乎相处得还过得去的话，那亚里士多德著名的观点“女人是住在家里的牲畜”就揭示了男性哲学家中存在的一种相当恶劣的优越感。

事实上，笛卡儿确实和一个在书店工作的年轻女人有过一个女儿。考虑到笛卡儿的其他态度，人们会觉得很吃惊——他竟然似乎非常喜欢这两位女性，并计划在荷兰一个安静的角落里照顾爱人和孩子。

笛卡儿的计划是，对外“声称”海伦娜是他的仆人，弗朗辛是他的侄女。你可能经常看到笛卡儿和一个仆人生了一个“私生女”的故事，这是非常有误导性的。

可惜，那个年幼的孩子死于猩红热，而海伦娜在四年后嫁给了当地一位旅馆老板。

位于荷兰阿姆斯特丹的笛卡儿故居

瑞典女王克里斯蒂娜将笛卡儿召到斯德哥尔摩讲授哲学。

在某些方面，笛卡儿给人的印象是一个吹牛大王，甚至是自大狂。但是，有历史记载，他为海伦娜的婚礼提供了1000荷兰盾的嫁妆，并且在那个地区待了很多年，继续进行研究，包括其毕生热爱的自动机械。后来，他被瑞典女王召去教授哲学。

笛卡儿的活雕像

笛卡儿对自动机械非常着迷。我必须强调，接下来讲的这个故事，可能不是真的。不过，哲学里到底又有多少真实的东西呢？在前往瑞典时，笛卡儿告诉船员，年幼的女儿将和他同行，希望船员们无论如何不要打扰（尽管他的女儿已经去世几年了）。

船在穿越北海时，遇到了一场特别可怕的风暴。尽管笛卡儿指示不要进入他的房间，船员们还是决定通知他准备紧急撤离。

然而，当他们破门而入时，完全没有发现笛卡儿的踪迹，更不用说他的女儿了。船员们发现了一个看上去阴森森的黑色大箱子。他们似乎被好奇心控制，无法克制想要开箱看一眼的冲动。

船员们打开箱子，惊讶地发现了一个真人大小的栩栩如生的玩偶，一个可爱的小女孩——弗朗辛。他们触碰玩偶，玩偶突然坐起来并转动眼睛看着他们。他们的惊讶立刻变成了恐惧！原来那是一个构造精良的自动机械玩偶。

船员们把发现的玩偶拿给船长看。船长从来没有见过这样的东西，他怀疑这是一件黑魔法作品，命令把它扔到北海里去。从此，再也没有人见过这个玩偶。

一个“写字”的自动机械玩偶

普遍怀疑法

相比法国同胞，英国人和美国人通常更认为笛卡儿伟大。法国人似乎更了解笛卡儿。他们认识到笛卡儿哲学在许多方面是基于他人思想，他只是把借来的思想做了一些无用的扩展。

1661年的斯德哥尔摩皇宫（又称三冕宫）外观

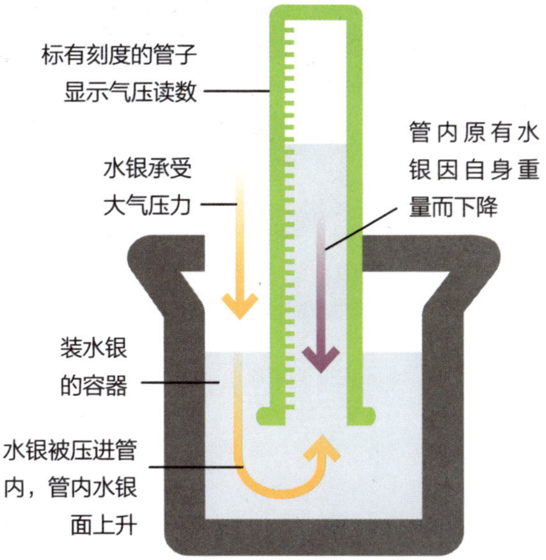

如图所示，在斯德哥尔摩，笛卡儿用托里切利气压计进行实验，以确定气压是否可以用来预测天气变化。

笛卡儿因为“普遍怀疑法”而备受称赞，而那却是哲学上的一个古老方法。古代怀疑论者比笛卡儿更狠，更严肃。

在笛卡儿的哲学体系中，意识和物质之间被划了一道严格的分界线，而这实际上只是重申了天主教哲学家已有的原则。虽然宣称要通过自己的哲学从逻辑上最终证明上帝存在，笛卡儿却迎来了唯物主义奔放的时期。

另外，在其他不太明显属于哲学的领域，笛卡儿确实留下了非常“真实”的思想和见解，尤其在数学方面。如果不是因为瑞典女王想上哲学课，他可能还会取得更大的成就。

笛卡儿在《第一哲学沉思集》出版仅仅几年后就去世了，他毫不客气地把自己寄居的他乡瑞典描述为“岩石与冰雪之间野熊出没的地方”。他一直专注于自己的作品，但与笃信笛卡儿传奇故事的人猜想的不同，这些作品并不是伟大的哲学论文。笛卡儿实际上是在编写喜剧和芭蕾舞剧，供瑞典女王及其侍臣娱乐。

还好，大多数哲学家被人们记住的通常是他们的思想，而不是他们的行为。这种看待历史的态度，对第二位伟大的理性主义思想家巴鲁赫·斯宾诺莎来说，尤其适合。

斯宾诺莎的工作使他变成了一个几乎被遗弃的人。

那种物质

斯宾诺莎的真实故事又是怎样的呢？这位荷兰哲学家原本是犹太人，因为“不光彩的”哲学理论而被驱逐出教派。他与笛卡儿和莱布尼茨的抱负和风格有些相似。

不同之处在于，斯宾诺莎认为宇宙只是由一种物质组成的，他在著作中提出：“只有一种物质，我们可以设想，那种物质要么是自然，要么是上帝。”从这个意义上说，斯宾诺莎将同时代人的不同方法结合了起来。斯宾诺莎希望以此来弥合笛卡儿在意识和物质之间制造出的界限。

斯宾诺莎一生中只出版过两本书。第

一本是《笛卡儿哲学原理》，前言轻快地跟着笛卡儿的核心思想行进，后面依次否定他的每个观点。斯宾诺莎并不认为有两种截然不同的实体，即所谓意识和物质，也不认为人类有“自由意志”，不认为有什么东西人类无法理解。

不过，读这本书的人并不多，斯宾诺莎的名声更多是建立在《神学政治论》上。以今天的角度来看，这本书像是虔诚的宗教作品，作者非常担心自己被指控为异端，甚至伪造书本细节，以进行匿名。

《神学政治论》中有许多创新，其中一点是把《圣经》视为人类创造的文本，可以对其怀疑，并解构进行分析。事实上，这本书确实立刻引起了争议。当斯宾诺莎被“揭露”是该书作者时，受到了很多人的唾骂。

在斯宾诺莎去世后，他的朋友计划出版他的其他作品，将作者写成“BDS”，用来掩盖作者的真实身份。因此，西方哲学的基础“现代”文本之一，斯宾诺莎的“杰作”《用几何学方法作论证的伦理学》（通常简称《伦理学》）必须以匿名方式出版。

就像笛卡儿的《第一哲学沉思集》一样，《伦理学》从根本上讲，也是想为信仰上帝提供逻辑基础。你可能认为宗教权威会喜欢这种策略，恰恰相反，他们对此深恶痛绝。

位于荷兰海牙的17世纪新教堂——斯宾诺莎葬在这里的花园中。

斯宾诺莎对上帝和天堂的看法在当时非常具有争议。

斯宾诺莎笔下的上帝被剥夺了许多属性（如没有愿望、想法或偏好），以至于当时有很多人认为这不过是换了名称的无神论，这又进一步证实了同胞对他的最糟糕的评价。

这些糟糕评价到底是什么，似乎没有人知道，而斯宾诺莎在24岁时被逐出了犹太教会堂。

把他革出教门的官方判决，或者叫“cherem”（本意是希伯来语“上帝憎恶之人和物”），提到了“邪恶的观点和行动”“可恶的异端”和“骇人听闻的行为”，实际上并没有具体行为记录在案，哲学家们一直在猜测是什么引发了这种敌意。

斯宾诺莎被逐出犹太教会堂。

有一种说法是，斯宾诺莎在阿姆斯特丹得罪了犹太人群体，因为他重新引发了人死后灵魂会如何的争论。当地人以前也争论过这个问题，后来请威尼斯犹太社团做出裁决，才好不容易得以安宁。

对基督徒来说，每个活着的人死后会将自己的美德和罪恶带到天国之门，由圣彼得来判决这个灵魂会怎样。

过去的大洪水和未来的晚餐吃什么一样，不值得担忧。

没什么值得担忧

斯宾诺莎有一个逻辑上无可挑剔的论点：担忧未来的问题（如晚餐没有任何食物可吃）多过担忧过去的不幸（如诺亚时期的大洪水），这是没有理性的。

这怎么可能在逻辑上没有瑕疵呢？原因是，在斯宾诺莎看来，一切早已注定。

你以为可以采取某些行动来避免今晚饥饿。事实上，如果注定吃不上晚饭，你就一定没有晚饭吃。同样，对于历史上的大洪水，你什么都改变不了，不管你认为当时的人们多么倒霉。

第三个人

哲学家早已认识到，人类严格按《圣经》字面要求来生活，几乎是不可能的。对于这个问题，哲学家逐渐有了更微妙的看法。

有时候，人们认为是迈蒙尼德提出了这种看法：唯一能够在肉体死亡后幸存的东西是“知识”；更确切地说，是对上帝的认识。斯宾诺莎的观点与此类似。

“我喜欢数学，因为它不是人类，与这个星球或整个偶然产生的宇宙没有什么特别的关系——数学不会反过来将爱我们作为回报，就像斯宾诺莎心目中的上帝一样。”

——伯特兰·罗素

荷兰海牙的圣灵家园入口，斯宾诺莎在此去世。

桑叶上的蚕和茧

1676年，我们的第三位伟大的理性主义者莱布尼茨到海牙拜访了斯宾诺莎。两人在一起花了好几天时间讨论哲学。

对于这次会面，当时有一种很典型的评价："虽然没有书面记录谈话内容，但这可能是哲学史上最有价值的事情之一。"

唉，和以往一样，现实和评价总是大相径庭。斯宾诺莎当时正在慢慢变得"过时"，莱布尼茨迅速疏远了他，甚至贬低与他的交流，说谈话内容主要由"政治段子"组成。

这种卑鄙行为是莱布尼茨的典型作风。这个人显然非常聪明——又一个博学的人——他不仅对我们今天所说的哲学感兴趣，而且对所有自然现象和问题或多或少感兴趣。但是，他也有严重的缺点。

例如：他对中国古代二元性（如《易经》中的阴爻和阳爻符号）很感兴趣，受到启发，在没有现代技术的情况下试图建造一台二进制计算器。他真的成功造出了一辆蒸汽动力车，声称其高速行驶了相当长的距离。他还在欧洲建立了一个比较成功的企业，生产丝绸——用的方法是养蚕。

在哲学上，莱布尼茨有个计划：将所有知识一条条地简单进行陈述（"原子事实"），从而使宇宙变得具有理性。这个计划后来演变成了神秘主义，因为他提出的所谓“单子”太难让人理解。

这些“单子”可能是哲学史上创造出的最神秘的东西——它们不能再进一步分割，因此具有“原子性”。它们没有窗户，没有颜色（光线不能进入或离开），并且是生命的能量中心。莱布尼茨的作品只是提出概念，对“单子”没有进行完整的解释：

“我还主张，无论有形还是无形，任何实体都不能被设想成完全不运动的一块基本物质，因为运动是一般物质的本质。”

他还说：

“事物（存在）的根本原因必定是一种必要的物质，在这种物质中，各种变化只是在根源处有显著差异。我们把这种物

质叫作上帝。”

他解释，底线就是“单子”永远不会被看到，只能通过纯粹逻辑来接近。

莱布尼茨的情况很罕见，他是哲学家，父母也都是哲学家——他的父亲是道德哲学讲师。可能是由于父母的学术背景，莱布尼茨8岁时就掌握了拉丁语，12岁开始学习希腊语。自然而然，随后不久，他就开始研究逻辑。

莱布尼茨拒绝在大学里从事法律工作，更愿意为汉诺威的贵族工作。这就像斯宾诺莎拒绝海德堡大学（当时欧洲最好的大学之一）的学术工作一样，尽管有很多报道描写伟大的思想家斯宾诺莎被迫打磨眼镜片为生。

总而言之，莱布尼茨是那个时期最具有创造性的人物之一，但仍然有人质疑他

莱布尼茨在纽伦堡的阿特多夫大学学习法律，拒绝留校任职。

的发现在多大程度上是他的成果，而不是借用他人思想进行炒作。他声称自己成功制造了一台计算器，可以进行加减乘除运算，还可以进行开方运算。

莱布尼茨的计算器曾经在巴黎学院和伦敦皇家学会展出。凭借这项成果，他在1673年4月当选为伦敦皇家学会会员。莱布尼茨的成就很重要，但其机器很大程度上是以帕斯卡的计算器为基础研制的。

莱布尼茨认为，应该创造出一种人造语言来更好地展示论证的逻辑形式，他真的希望能够创造出来。就像先前和后来的许多哲学家一样，他试图将宇宙重新排列成基本的、永恒的“简单事实”（伯特兰·罗素将其叫作“逻辑上的原子”），希望借此使世界变得更加具有理性。

这些就是现实的最终组成部分，莱布尼茨称之为“单子”。知识在本质上就是分析现实的“组成部分”，以解释现实，并理解语言的意义。

莱布尼茨对这一观点进行总结：

“语言是人类意识最好的一面镜子，相比其他方法，对话语意义的精确分析能够更好地告诉我们人类的理解过程是怎么运作的。”

莱布尼茨的“步进计算器”可以进行加减乘除四则运算。

微积分运算使用了莱布尼茨的“L”。

关于微分的不同观点

争论到底是谁发明了计算器，就像争论到底是莱布尼茨还是牛顿发明了微积分一样，不会有结果。

莱布尼茨在1676年到汉诺威之前确实曾经在伦敦短暂停留，但事实并不清楚。在这次旅行中，莱布尼茨与英国皇家学会的重要人物见了面，谈到了这个领域英国最新的研究成果。牛顿总是指责莱布尼茨窃取了自己尚未发表的微积分成果。不过，牛顿也指责其他一大堆人试图窃取他的成果。

有一项成果莱布尼茨可以宣称是自己的，即微积分中代表积分的拉长“L”形符号。这是莱布尼茨典型的自我恭维（“L”是莱布尼茨名字的首字母），但符号本身还是简洁优雅的。①

① 一般认为，微积分中代表积分的符号“∫”是拉长的“S”，取总和（Sum）之意，并不是拉长的“L”。

莱布尼茨的原则

莱布尼茨在《形而上学谈话》《一般问询》和《单子论》等作品中，阐述了他的理论，并描述了单子可能的复杂排列方式。

莱布尼茨从研究中得出的结论是，世界其实是完美的，就像伏尔泰曾经讽刺过的，这是“所有可能的世界中最好的版本”，并且不需要上帝或其他人监督。

莱布尼茨的头脑一直在不断地抛出各种想法，下至各种实用发明，如蒸汽动力车辆（有人认为他实际制造出来了，车辆可以高速行驶），上至对二进制数的研究——常常被认为是数字化计算机发明的先兆。

这表明，任何肯定的事实都有存在的理由；也就是说，一切事物都有某种解

矛盾原则表明，水不可能既向低处流，又向高处流。

释，有些解释已知，有些未知。[1]而这个世界似乎并没有包含世界本身存在的理由。因此，上帝一定存在。

然后，我们讲讲矛盾原则。这条原则是说，有无数无限复杂的完整概念，把它们都看成具有可能性，没有任何一种可能性有“权利”去覆盖另一种可能性。不过，这里有一个限制：每种可能性不能单独成为可能，所有可能性必须一起成为可能，整个宇宙形成一个巨大的、连贯的没有矛盾的体系。例如，上帝不可能创造一个宇宙，水既向低处流，又向高处流。

接着，我们看看差异性原则。这就是说没有任何两个东西完全相同。这通常被称为“莱布尼茨定律”，一般可以理解为没有任何两个物体具有完全相同的属性。

在《单子论》中，莱布尼茨在显微镜

① 此即莱布尼茨的“充足理由原则”。

揭示的微观世界中找到了灵感，提出了这种观点：

“每个生物的有机形体是一种神圣机器，或者说是天然自动机，无限优越于一切人造自动机。

“因为由人类制造出来的机器，并非每个部件都是完整的机器。例如，黄铜齿轮的齿上有组成部分或碎片。对我们来说，这些部分或碎片已不是人造的东西，不再有任何标记表明这个齿轮会用在怎样的机器上。可是，自然的机器，也就是活的形体，则不会这样。它们最小的部分仍然是机器，可以一直切分到无限小。这就是自然和（人工）技艺之间的区别，亦即神的技艺与我们的技艺之间的区别。”

最终，莱布尼茨表明，宇宙只是由上帝和不可分割的非物质的、灵魂般的实体组成，这些实体叫作“单子”。空间、时间、因果关系，物质实体等都是幻觉。然而，从某种意义上说，这些幻觉在更根本的层面上反映了宇宙的真实本质。笛卡儿、斯宾诺莎和莱布尼茨是理性主义哲学的伟人。实际上，最伟大的理性主义思想家却因为成就太过伟大而“跳出”了哲学领域，成为一种新的学科——物理学——的奠基人。

微观科学研究使哲学与科学渐渐结合起来。

这位思想家就是英国农民艾萨克·牛顿的儿子。儿子和父亲同名，但永远不会造成任何混淆，因为老艾萨克在小艾萨克出生之前就去世了。

重点是，这位未来的数学天才与那个时代的其他理性主义哲学家的背景截然不同。然而，在上述三位欧洲大陆哲学家活跃的哲学界和数学界，他却是举足轻重的人物。

18世纪的一幅描绘艾萨克·牛顿爵士的版画

第一位科学家

我们今日科学的基础是牛顿的功劳，他算是第一个真正的科学家——在此之前的都是自然哲学家。牛顿呕心沥血，揭开了宇宙的秘密。他真诚地认为没有什么是理所当然的，不轻信任何没有研究过的说法。

牛顿的著作《自然哲学的数学原理》将力学系统化，也就是研究物体及其运动的科学，就像欧几里得的《几何原本》将几何学系统化一样。人们还不太清楚牛顿是如何接触到了当时最前沿的数学文献，包括笛卡儿的著作在内。人们普遍认为，他最初对支配宇宙的数学产生兴趣，是因为1663年秋天在剑桥集市上发现的一本关于占星术的书。

牛顿很快如饥似渴地学起了数学，在

艾萨克·牛顿爵士是英国剑桥大学“三一学院”的教授。

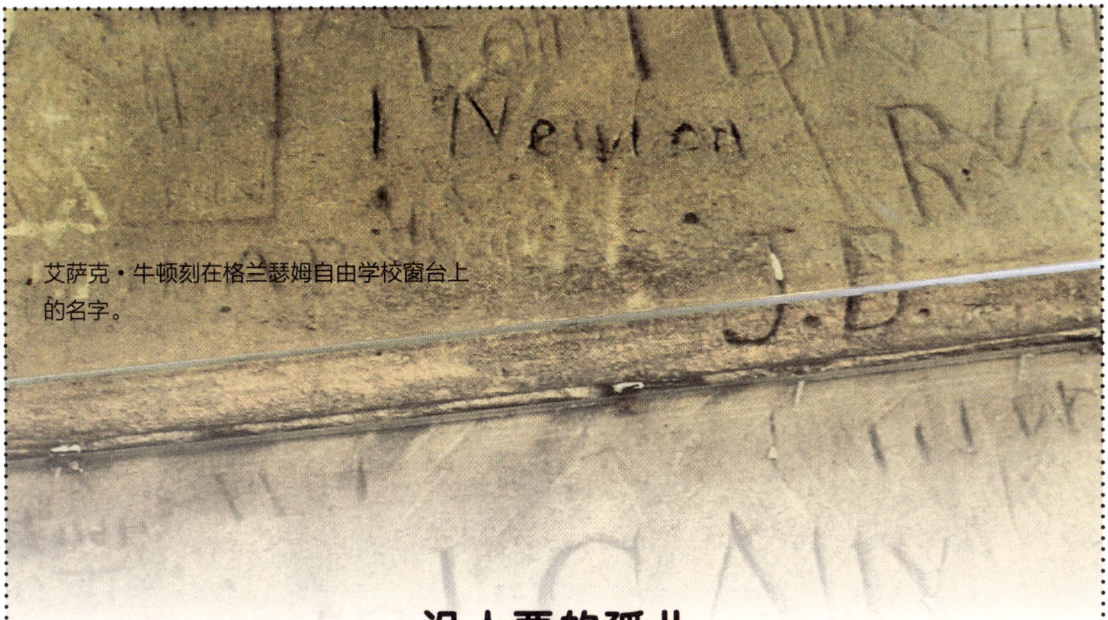

艾萨克·牛顿刻在格兰瑟姆自由学校窗台上的名字。

没人要的孤儿

牛顿一生可以分为三个截然不同的时期，大多数人只知道第二个时期。

第一个时期，1643—1669年，从牛顿的童年到他成为剑桥大学教授。

第二个时期，1669—1687年，涵盖牛顿在剑桥大学担任“卢卡斯教授”的日子。

第三个时期几乎没有人在意，但几乎和其他两个时期加起来一样长。在这一阶段，牛顿是伦敦皇家铸币厂的高薪政府官员，对继续研究数学没有兴趣。

第一个时期值得大家感兴趣的是，在父亲去世后，牛顿的母亲汉娜·埃斯库在他2岁时与附近村庄的教堂牧师结婚了。年幼的牛顿被留给祖母照料，或多或少被当作一个没有人要的孤儿。毫无疑问，牛顿认为自己的成长过程非常痛苦。19岁时，他曾经回想自己的“罪恶”：

“我曾经威胁父母……要放火把他们和房子一起烧掉。”

牛顿的舅舅威廉·埃斯库决定让他去上大学。在格兰瑟姆自由学校首席教师的指导下，牛顿开始了解这个世界。

1665年获得了学位，而那一年黑死病正在英国肆虐。因为疫情，剑桥大学在当年晚些时候被迫暂时关闭，牛顿返回林肯郡。

在那里待了不到两年，还不到25岁的时候，牛顿就在数学、光学、力学和天文学方面取得革命性进展。

牛顿的第一个重大发现是在光学领域，这也是他在1670年1月开始授课时第一节课的主题。瘟疫期间在林肯郡生活的两年，牛顿独自搞研究，发现白光不是一种单纯的东西，而是一种混合物或复合物。

先前的思想家都没有这种认识，亚里士多德还曾说白光是基本的单一实体。牛顿让一束很细的阳光透过玻璃棱镜，由此揭示了阳光中包含许多色彩。

当然，牛顿最伟大的成就在物理学或天体力学方面，其中以万有引力理论最为耀眼。1666年，牛顿的三大运动定律已经具有了雏形。他还发现做匀速圆周运动的

三棱镜将阳光分解，展现出组成阳光的光谱颜色。

物体受离心力影响。

牛顿在1666年有了一个新奇想法——地球的引力吸引月球，抵消了月球的离心力。

1687年，一直保持低调的牛顿终于出版了《自然哲学的数学原理》，这本书有时被简称为《原理》。该书被公认为有史以来最伟大的科学著作。牛顿分析了在向心力作用下，物体在阻力介质和非阻力介质中的运动。分析结果被应用于沿轨道运转的物体、抛射物、钟摆和地球附近的自由落体。

牛顿进一步论证，行星受到一种太阳方向的引力，这种力不断发生变化，与距离的平方成反比。他得出结论，所有天体相互吸引。

牛顿进一步概括出了万有引力定律：

“……所有物体之间都相互吸引，引力与二者质量的乘积成正比，并与其距离

的平方成反比。”

牛顿解释了许多人们原先以为不相关的现象：彗星的偏心轨道、潮汐及其变化、地轴的岁差和月球的运动，这些都是受太阳引力影响造成的。

这项成果使牛顿成为科学研究界的国际领导者。欧洲大陆的哲学家当然不接受相隔遥远却还能施力的概念。他们固执地继续相信笛卡儿的涡旋理论，这个理论认为力通过接触才能发挥作用。

终其一生，但凡受到批评，牛顿必定怒不可遏。考虑到这点，他与莱布尼茨之间发生激烈的争吵也就不足为怪了。

也许有件事在这里值得一提，牛顿以皇家学会会长的身份成立了一个委员会，想要最终确定到底他和莱布尼茨谁才是微积分的真正发明者。

在澳大利亚西部戴尔山看到的彗星C/2011 L4（PANSTARRS）

皇家学会发表的官方报告，以及在《皇家学会哲学学报》上发表的评论，对牛顿的立场明确表示支持。这并没有什么值得惊讶的，毕竟牛顿是微积分三大著作[①]的作者。

但是，必须承认，牛顿是个狂热分子。在涉及自身的情况下，他那句名言“任何力都有同等的反作用力”并不适用。牛顿对任何事物的反应都要放大很多倍。

牛顿的助手惠斯顿亲眼看见过他的愤怒。惠斯顿写道：

“牛顿是我见过的最可怕、最谨慎、最多疑的人。”

牛顿的实验室笔记本中不仅记录着他

① 微积分三大著作是指《流数法》《求积术》和《分析术》。

牛顿涉足过炼金术，将其作为自然研究的一部分。

推断白光是各种色彩混合物的详细过程，以及对光学和物理现象（如冷冻和沸腾）的清醒解释，还充斥着绿色狮子和垂死的蟾蜍、有毒的巨龙和雌雄同体等炼金术士使用的术语。

正如威廉·纽曼所说：“无论牛顿研究炼金术的最终目的是什么，显然我们无法修一座不透水的大坝，把炼金术和他其他科学研究分开。”

约翰·梅纳德·凯恩斯收藏了大量牛顿炼金术手稿，在世界上首屈一指。他甚至说：

“牛顿不是理性时代的第一人，他是最后一位魔法师。”

当然，牛顿不会自称“科学家”，而

是自然哲学家，研究大自然的哲学家。这类人很少专注于一门学科，不像现代科学家几乎都是专攻一个学科。17世纪和18世纪（启蒙运动时期）的顶尖物理学家是最广义上的哲学家，他们在具有宗教和政治因素的世界观背景下理解自己的理论和实验工作。

牛顿对科学的贡献足以媲美欧几里得对数学的贡献，两者都为其他人规范了术语和定义。牛顿认为有必要处理明显的哲学问题，如“空间”和“真正的运动”的本质（特别是笛卡儿的观点），以便解决一些悖论。例如：地球可能在任何时间点都在“加速”远离太阳，但同时静止不动。可能人们觉得牛顿的某些理论元素，如“绝对空间”（更不用说“绝对时间”）似乎已经被相对论推翻了，但爱因斯坦认为，牛顿才是把科学研究框架带给这个世界的人。

“我不知道世界怎么看待我，但在自己眼中，我就像一个在海边玩耍的小男孩，时不时会因为捡到一颗光滑的鹅卵石或一只漂亮的贝壳而欣喜，却没有发现近在眼前的伟大的真理之海。”

——艾萨克·牛顿

CHAPTER 6

第六章

SNIFFING OUT EMPIRICISM WITH LOCKE, BERKELEY AND HUME

与洛克、贝克莱、休谟一起探寻经验主义

“人类的知识无法超越自身的经验。”

——约翰·洛克

英国哲学家、医师约翰·洛克

洛克的双重政治遗产

经院哲学家通过内省和分析语言来寻找智慧和知识。但是，自17世纪和18世纪以来，科学的兴起改变了知识等级体系，对自然的研究再次成为更值得哲学家花费精力的领域。

19世纪用于确保信件安全的蜡封

两千年前，柏拉图在《泰阿泰德》中，将日常感官体验比作将物体压在蜡上留下压痕的过程。

物体将其特点留在了蜡上的压痕里，就像我们看到、听到、嗅到、尝到或触摸到周围的物体时，它们会将自己的重要特点印在我们的脑海中一样。约翰·洛克在《人类理解论》第二卷中展开的就是这种常识法。

不过，跟笛卡儿和柏拉图一样，约翰·洛克也认为评估、评判事物的意识与制造印象的物质实体是完全分开的。

约翰·洛克（1632—1704）出生于宁静的萨默塞特村中的一个清教徒商人家庭，当时正值议会派与保皇派之间发生内战，时局动荡。

洛克在《政府论》中阐述了自己的政治理论，人们认为他的理论以基本权利和自由的名义激励了美国革命和法国大革命。

《美国独立宣言》、美国宪法中的三权分立原则和权利法案，都受到了洛克的影响。

在法国大革命初始的“自然人权论”

和《人权宣言》里“人彼此平等且独立，任何人不得侵害他人生命、健康、自由及财产”的说法中，也能看到洛克的影响。

法国哲学家伏尔泰称洛克为最伟大的智者，还补充说：“他看不清楚的东西，我恐怕根本看不见。”在一代人之后，洛克的声誉在美国变得更高了。本杰明·富兰克林感谢他提出的“自我教育”；托马斯·潘恩四处宣传洛克关于革命的极端看法，而托马斯·杰斐逊称他为有史以来最伟大的自由哲学家之一。

但是，所有这些星光闪闪的认可加在

《美国独立宣言》起草委员会将宣言稿提交国会。

弗朗索瓦-马利·阿鲁埃（伏尔泰）

一起，也不能完全掩盖洛克政治理论中的明显问题：公民权利和政治权利只适用于富人，并不适用于穷人。

洛克在《政府论（第二篇）》（1689年匿名发表）中特别讨论了奴隶制。基于第2章对“自然状态”和第3章对“战争状态”的描述，第4章和第16章描述了“奴隶状态”。洛克在文中描述了一种非常不文明的社会景象：

“……还有另一种仆人，我们给他们特有的名字叫奴隶。这些是在正义战争中获得的俘虏，在自然权利划分下，他们完全受制于主人的绝对统治权和专制权。我认为，这些人丧失了生命权，也就失去了自由和财产；处于奴隶状态中的他们，不具备拥有任何财产的能力，也就不能被视为文明社会的一部分；毕竟文明社会的主要目标就是保护财产。”

用来束缚奴隶的枷锁——约翰·洛克提出过一些令人生疑的论述来为奴隶制辩护。

双重标准

如今的哲学家不怎么谈论洛克的奴隶制观点了。这并不意味着这个问题无关紧要，而是因为在洛克的哲学中，财产是“文明”社会的关键，而获得财产的关键是劳动。

没错，既然洛克认为道德基于财产制度，奴隶制就是一个非常特殊而重要的问题。洛克写了很多立场相反的论述，

在《政府论》的另一部分中，他强调奴隶“是人的一种非常低贱悲惨的身份”，“直接违反人性的仁慈和国家的精神”，

在美国佐治亚州的一个种植庄园里，奴隶们正在收棉花。

这种制度“很难想象任何英国人能为之辩护，更别说绅士了”。这种观点认为，人的天然自由是不可剥夺的，那就不可能受制于他人绝对的专制权。所以，我们说，洛克对自由的看法并不明确。唯一明确的是，洛克个人投资了很多钱给皇家非洲公司，那是最残忍的英国奴隶贸易公司之一。

鉴于洛克的政治著作，伯特兰·罗素称他为英国革命的“上帝使徒”。洛克对欧洲及其他地区西式民主和政治生活的发展产生了深远影响。然而，就算人们不常注意到，洛克政治论述的巨大成功至少部分基于他的形而上学论述的成功。

洛克形而上学论述中一个主要内容是：人类意识通过感官获得原始数据，在处理数据后形成对世界的看法。这个观点是现在所谓经验主义哲学理论的核心。

洛克身材高大瘦削，有像马一样的长鼻梁和传记作者描写的“温柔、

洛克在一家奴隶贸易公司有大量投资。

约翰·洛克认为，大脑通过感官传递的信息来理解周围的环境。

忧郁的眼睛”，运气不错的他非常适合那个时代。他关于意识如何运作的观点，被当时的人视为难以觅得的良药，可解笛卡儿的二元论之毒。

洛克描述了意识如何通过感官接受“简单或复杂的观念”，再进行处理创造出知识，完美地反映了当时的机械论科学。

洛克哲学的两个最直接的追随者是乔治·贝克莱和大卫·休谟——前者是来自

人类理解论

“所有想法都来自感官或反思。我们不妨假设人的意识本来是一块没有任何特性或想法的白板，这块白板如何变得有内容呢?

“这块白板如何获得大量的信息，才能用无穷的花样绘出人类世界的纷繁浩瀚？白板又如何获得知识和推理的素材？我用一句话回答这个问题——通过经验获得。在经验中包含人类的所有知识，人类的所有知识也都来源于经验。

“无论探索外部可感知的事物，还是探索自身内部意识的运作，我们的观察结果都由我们自己感知并反思，就是这些观察结果为我们的理解提供了思考材料。

“这两者（感觉与反思）就是知识的源泉，我们所有已有的想法，或者可以自然拥有的所有想法，都来源于它们。”

洛克认为，我们的经验——感官提供给我们的信息——是我们知识的来源。

洛克受到爱尔兰科学家罗伯特·波义耳的影响。

爱尔兰的主教，后者是来自苏格兰的不可知论者——这两位都没有对世界产生如洛克这样的实质性影响。

贝克莱在许多方面显得真诚，按照原则为普通百姓服务，但其理论从当时到现在都让很多人觉得荒谬。休谟有许多好的观点，但在政治上太保守。因为觉得自己的哲学思想实在太不现实，他主动放弃了自己的理论。

洛克的《人类理解论》标题单调而乏味，但的确阐述了人类意识如何收集、组织和理解与世界相关的数据。

这么一说，洛克的作品听起来是一部科学风格的作品。洛克确实认识两位同时代的伟大科学家——罗伯特·波义耳和艾萨克·牛顿，并受到他们的影响。

牛顿的孤僻和隐秘非常出名，他不愿意接触大多数人，而且戒心很重，极力保护自己的研究成果。但是，牛顿认为洛克是一位有价值的、受尊敬的熟人。

约翰·洛克认识艾萨克·牛顿，在其成果基础上进行研究。

第一性质和第二性质

下面来看看洛克关于认知的理论。这在很大程度上可以说是旧的哲学方法和新的科学方法之间的交叉。洛克的这套方法根植于所谓第一性质和第二性质之间并不明确的区分。第一性质（又叫原始性质）被认为与实际“事物”密不可分，无论什么事物都拥有一些具体性质，如广延、形状、运动、不可入性和数量。

可动性是洛克认知理论的重要组成部分。

洛克认为，我们可以组合对其他事物的印象，以此来想象从未见过的事物，例如一匹长翅膀的飞马。

真实性质与虚妄性质

洛克将事物的第一性质和第二性质区分开来。两者最关键的区别是，第一性质“真正存在”于事物中，而第二性质只有当人类用感官来感知事物时才会在意识中产生。

这意思是，森林里有棵树倒下，结果是空气分子移动了——这就是这件事的第一性质之一。而这棵树倒下的“声音”，如果没有任何人或任何东西能够“听到”，则讨论它没有意义。

洛克将观念分为简单观念和复杂观念：简单观念是感官知觉的直接结果，如我们看香蕉时感知到的“黄色”。复杂观念则必须由大脑对简单观念进行认知加工才能构建出来。接下来，洛克解释意识的复杂能力是怎么产生的。

洛克简单解释，我们不需要亲眼见到长翅膀的飞马，也可以知道飞马是什么样子。我们以前见过普通的马和像鸟一样有翅膀的动物，大脑可以利用这些经验，构建出飞马的形态。

运动、声音和颜色都是洛克的研究对象。

第二性质的概念更容易掌握，就像颜色、气味和声音等。洛克指出了一些关于第二性质容易产生的误解，而贝克莱回应说，第一性质也常常被误解。这其实说出了一个显而易见的事实。

洛克对第一性质和第二性质的区分被自然哲学家采用，他们把世界重新解释为以特定速度运动的各种固体，并认为它们在运动过程中为旁观的人类制造了印象和感受。

例如，声音就被描述成振动的空气分子引起耳朵内部进一步震动产生的效果，以便在意识里有进一步的效果产生。

受笛卡儿影响，洛克解决这类问题的方法是：第一阶段，考虑我们确定已知的东西，或者用律师的话说得严谨一

些，“能合理确定”已知的东西；第二阶段，考虑实践中如果接受就会有用的观点，虽然这些观点可能看上去并不能够完全确定。

洛克写道：“概然性①有两种根据，一种是与自己经验的契合，一种是他人经验提供的证据。”这种标准可算是很低了。

毕竟，正如伯特兰·罗素所言，一旦欧洲人开始描述冰雪，暹罗②国王便不再

① 亦作“盖然性”，指介于可能和必然之间，有可能但又不是必然的性质。

② 暹罗是中国对泰国的古称。

相信他们传授的科学和哲学了。

不过，洛克的方法并非教条主义，反而令人耳目一新。他写道：

“我说，当自己觉得受到了恶意对待，尤其是怀疑对方有利益考量或另有目的（毕竟这种怀疑永远存在），我们怎么可以期望，人们能够因为陌生人或对手的论述或权威，而放弃自己心中已经根深蒂固的看法？

雪和冰是暹罗国王无法想象的。

“我们应该承认彼此之间相互缺乏了解，并用一切温和而公正的方式交流信息，努力解决这个问题。我们不要因为人们不愿放弃自己的观点来接受我们的观点，或至少接受我们想要强加给他们的观点，就立刻充满恶意，认定对方固执倔强。实际上，我们很可能一样固执，不愿接受对方的一些观点。”

——《人类理解论》

什么是观念

人出生时是一张白纸，经验在这张纸上写出了美丽的故事。在洛克时代，这种说法不仅新奇，而且在政治上显得很极端。

洛克同样对形而上学兴趣全无，他在写给朋友讨论莱布尼茨最新理论的信中说：“你和我可受够这种把戏了。”

洛克的方法在本质上就是细心技师的方法，他一点也不认为自己是伟大的理论家。

经验主义理论非常适合这种心态，其核心思想是知识不过是从日常的无聊经验中拼凑而来的。因为我们只能用“观念”来思考，而且所有观念都是从以前的感官认知中创造出来的，所以洛克认为我们所有的思想也都来自感官。

洛克认为人类所有观念都是从感官开始的。

几个世纪以来，经院哲学家（追随古代先贤）已经建立了他们的理论系统，却是基于与洛克相反的一种假设：假设人类意识里有一种与生俱来的能力，可以了解所有重要的真理。

柏拉图认真反驳过“感官才是‘真正知识’的来源”这种观点，他相信感官反而是个问题——是错误的根源。

知识仅限于我们以前的经验，洛克这种观点还有一些其他问题，就算假设人的意识能够知道表面上没有经历或者不可能经历的事物（例如创造性地合并两种经历过的属性，洛克认为这能“部分解决问题”），这也明显不会令人信服。在其作品的某些地方，洛克似乎提出了一种完全不同的理论：知识在意识中重铸，可以产生新的知识类别。

这样可以产生直觉的知识（例如，我们的意识和我们的存在这类知识）和“解证的知识”，包括数学关系和上帝存在之类的知识。[①]

还有一个问题：感官经验，也就是内部的意识体验，由外部的“不管什么事

① 洛克在《人类理解论》第四卷中把知识分为三类：直觉的知识、解证的知识和感性的知识。

洛克认为，像数学这种解证的知识与直觉的知识是不同的。

苏格兰历史学家、外交家和哲学家大卫·休谟

物”引起，洛克假设这些经验跟那些外部事物之间以某种直接的、一致的方式相互对应。但是，他没有办法证明这一点。

正如笛卡儿提醒过的那样，在许多方面，感觉可能是靠不住的信使。在经验主义中，我们只知道经验，而不知道引起经验的外部原因。

这个问题没有简单答案。大卫·休谟用了一些时间，或多或少证明了感觉与基础现实没有任何逻辑联系，而贝克莱主教则认为在任何情况下都不需要额外创造逻辑联系这个理论层面。

相关辩论可以概括为争论“意识与物质”之间的关系。笛卡儿将两者完全分开，而洛克非常优雅、简洁地将两者重新连接起来，但又造成了一个悖论。即使在今天，事物也似乎是虚构的：桌子其实是无色的，而且人们很快就认识到硬度、尺寸等第一性质也是虚幻的，在显微镜下会全部消失。

而且，意识并不简单——需要有新产生的印象不断流入（同时将过去的感觉保留在记忆中），还需要用来理解大量信息的处理系统。除感觉和记忆外，意识里还有什么呢?

乔治·贝克莱主教为这个问题提供了相当戏剧性的答案。

贝克莱是一位非常微妙的思想家。他挑战洛克和牛顿的唯物主义，并将逻辑的严密性应用其中。他坚持认为，物体实际上并不存在，而我们意识中的印象才是真实的。

18世纪的一幅乔治·贝克莱主教蚀刻画

根据贝克莱主教的观点，看到一棵树并不意味着那棵树就是你看到的样子。

诙谐对话

传统观点认为，对我们产生影响的物体客观存在，这些影响会在我们意识中留下印象。贝克莱指出，人类意识“看到”的东西——不管是对某棵树的记忆，或者梦到那棵树的梦，或者对那棵树的实际观察——都不是那棵树本身。

人们认为意识中的印象和“外在事物本身”有直接联系，不过一直是一种推测而已。

贝克莱通过一系列诙谐对话阐明自己的主张，人类只能接触到这些脑中的精神现象——思想。

洛克已经接受了所谓“第二性质”（颜色、气味、味道）与物体本身之间有差距，而贝克莱坚称，根本不可能从实质上区分第一性质和第二性质。

对公鹅来说，酱汁是酱汁，对母鹅来说也一样。人类意识只能感知到意识内部创造的现实的影像而已。换句话说，一切都是依赖意识的。

杰弗里·沃诺克在《伟大的哲学家们》一书中宣称“贝克莱是哲学史上最引人注目，甚至独一无二的现象”，尽管他从来没有确切地说明贝克莱有什么引人注目或者“独一无二”的东西。

这是因为贝克莱年纪轻轻就发表了宏大的形而上学理论，还是因为他将自己的大部分哲学思想通过真诚而诙谐的对话呈现出来（这种用对话表达哲学思想的方法永远会令人想到柏拉图）？

爱尔兰克洛因大教堂——1734年，乔治·贝克莱被任命为克洛因地区主教。

事实上，贝克莱主教可能被视为哲学家中的怪人，因为他很有社会责任感，并积极为当地的爱尔兰穷人争取利益。那些人一直被两种东西困扰：饥荒和英国定居者。

贝克莱被视为哲学怪人还有一个理由：他是第一位访问美国的欧洲著名哲学家。在美国，他尝试成立一所大学，想拯救不幸的奴隶和加勒比与美国东南部沿海地区印第安人的灵魂，但最终失败了。在这个过程中，他发现了一种用松树汁液制成的神药。

就像其关于思想的理论一样，神药生效的机制是未知的，贝克莱对此也完全不感兴趣。在他看来，这种神药是直接对意识起作用的。

美国罗德岛上的白厅博物馆，乔治·贝克莱在18世纪建造。

神药

贝克莱建议制备焦油水：将一加仑水倒入一夸脱松树汁液中，用汤勺或扁棒搅拌；放置48小时让焦油沉淀后，将透明层倒出，保存起来备用。贝克莱相信，每天喝一品脱焦油水可以治愈当时几乎所有已知疾病。

查尔斯·狄更斯的小说《远大前程》提到了这种神药。年轻的皮普和他的姐夫乔，不管是否患病都被迫喝下这种“味道恶心”的药，像是一种残酷的健康仪式！

“当时，有些禽兽医生又开始把焦油水当作良药，乔夫人总是在壁橱里备着一些。她相信这东西的功效与其难喝的程度相互对应。光景好的时候，这种灵药被当成精心挑选的补品，叫我大喝特喝，搞得我无论走到哪里都能闻到自己身上有一股怪味，就像新筑好的篱笆。”

——查尔斯·狄更斯《远大前程》

查尔斯·狄更斯并不喜欢贝克莱主教的万灵神药。

怀疑性思维

与牛顿和洛克那种在数学上整洁的、可预测的世界观不同，贝克莱提出了一种“激进的非物质主义”。在这种世界观里，世界不再具有客观真实性。

相反，世界与碰巧在观察这个世界的人开始有了错综复杂的联系。拉丁语“Esse est percipi”，意思是“存在即被感知”。

一家公司生产的贝克莱神药“焦油水”，用于治疗咳嗽和感冒，其成分包括酒精、吗啡、酒石酸和氯仿。

然而，贝克莱的理论与那个时代脱节了。当时，人们对他的神药“焦油水”和在新世界（指北美洲）建立“印第安人大学”的计划更感兴趣，而不太在意他的哲学思想。贝克莱以前曾为其伦敦住所附近的孤儿建立了一所孤儿院和学校，建立“百慕大学院”的想法甚至在英国议会讨论，并获得了皇室批准。

因此，轮到大卫·休谟扛起重担，解决洛克提出并受到贝克莱挑战的问题。休谟最初像洛克一样走的是感官和经验道路，但最终得出了完全不同的结论。

在洛克诉诸常识的问题上，休谟发现经验并不是知识的合格引路人，认为唯一理性的做法就是摈弃经验提供的一切信息。休谟以其特有的风格写道，在生命的所有事件中，我们都应该保持怀疑的态度。

“我们相信火使人温暖，或者水使人清爽，那是因为，如果不这样想就会很痛苦。如果我们是哲学家，就不能这样。我们应该基于怀疑的原则来运用自己的头脑，而且我们会感觉到自己倾向于这样做。如果人类的某种偏好是与活跃的理性融合而成的，则应该认可这种偏好。如果没有活跃的理性参与，则不能允许这种偏好以任何名义来操纵我们。”

休谟很快得出这样的结论：事实上，真正的理性什么都不会相信。

在洛克理论的基础上，休谟进一步提出这种观点：人类知识在本质上是由思想观念之

苏格兰爱丁堡的大卫·休谟雕像

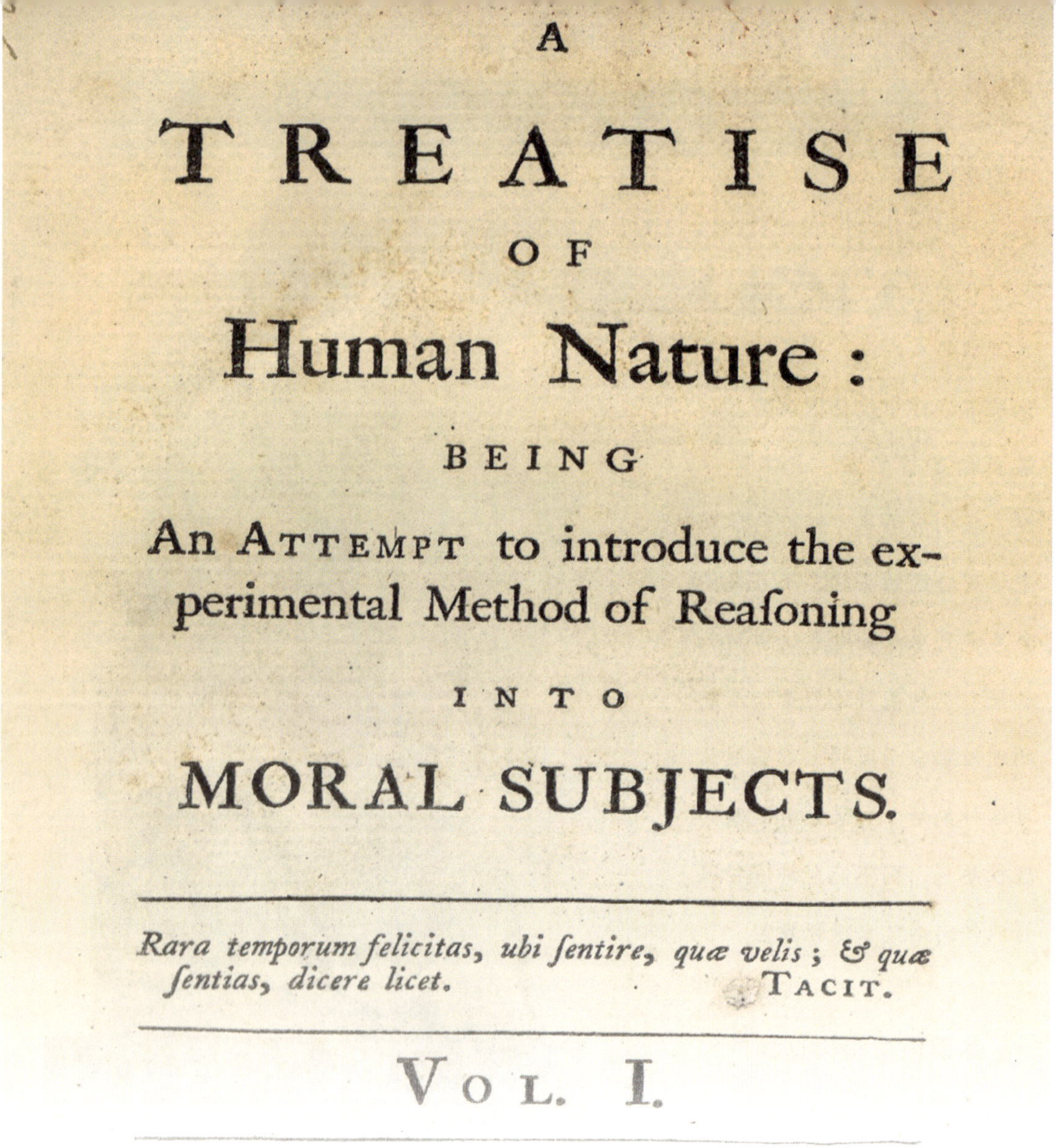

A

TREATISE

OF

Human Nature:

BEING

An ATTEMPT to introduce the experimental Method of Reasoning

INTO

MORAL SUBJECTS.

Rara temporum felicitas, ubi ſentire, quæ velis; & quæ ſentias, dicere licet. TACIT.

VOL. I.

大卫·休谟《人性论》扉页

间的相互关系创造出来的，观念本身则根植于感官印象。所有不根植于感官印象的思想观念都被摈弃，休谟认为它们毫无意义。

“因此，当我厌倦娱乐和别人的陪伴，当我在房间里沉迷于遐想之中，或者当我独自在河边散步的时候，我会感觉到我的意识聚集在一起，而且自然地倾向于

休谟在爱丁堡大学学习，因为无神论而退学。

将我的观点带入那些在阅读和交谈过程中遇到过的很多具有争议性的主题中去。

“我无法压抑自己的好奇心，想去了解道德善恶的原则，去研究政府的性质和基础，去探究是什么造成了那些驱使并控制我的激情和倾向。我不愿意认为自己在不知道遵循什么原则的情况下，就喜欢某个物体，不喜欢另一个，就称某个东西美丽，称另一个东西丑陋，就判断什么是真理或谬误，什么是理性或愚蠢。

“我担心知识领域，在所有这些细节方面，这个领域处于可悲的无知之中。我觉得自己想要为如何教育人类做出贡献，并凭借我的发现获得美名。这些情绪在我目前的性情中自然地涌现出来。如果想要消除这些情绪，试图将自己投入其他事业或消遣中去，我觉得自己会失去所有快乐。这就是我的哲学思想的起源。”

——《人性论》（结语部分）

这样，很多概念就可以直接被抛弃了：上帝（或其他的神）、人类的灵魂，甚至心理上的内在自我，还有许多我们用来构造世界，却无法从世界内部找到解释的关键概念，例如因果关系、“过去的规则也适用于未来”的假设，以及“从有限证据得出结论”的原则等。

“如果手中拿着一本书，如一本神学或者形而上学的书，我们问：书里有没有关于数或量的抽象推理内容？没有。有没有关于事实和存在的实验推理内容？没

有。那么，就把这本书烧掉吧，因为书中只有诡辩和错觉。”

——《人类理解研究》

休谟也不接受“人类和动物有重大差异”这个观点，他认为动物和人类的能力非常相似，并会使用类似方法解决问题，而人类的语言能力更强。休谟认为，许多

大卫·休谟的家乡苏格兰爱丁堡黄昏时分的景象

休谟认为，人们相信太阳明天仍然会升起是由于习惯，而非活跃的理性。

让我们安心的日常概念只不过是出于懒惰的惯性而已。他最喜欢举的例子就是，人们相信明天太阳会照常升起。显然，这种想法有稳定的基础，源于对过去经历的观察，但（从逻辑上讲）只参照过去的情况根本无法证明明天太阳还会升起。所以，“明天太阳会升起”这种信念其实没有理性基础，但我们就是相信！

事实上，基于过去的经验去推测未来，是因为假设未来会跟过去相似。然而，这种相似根本无法确定必然存在的事物。许多其他假设也是基于习惯而非理性，而且，最终所有关于事实的假设都基于概然性。如果两件事多次一起发生，我们就会在这两件事之间建立心理联系——这是应对世界的一种实用方法，而不是逻辑。

印象和观念

休谟认为感官体验分为两种：印象和观念。印象更直接，更即时，而观念只是印象留下的模糊痕迹。

休谟解释说："用观念这个词，我指的是在思考和推理中这些（印象的）模糊影像。"

例如，一个苹果构成的简单印象会有一个简单观念——也是一个苹果。休谟坚称，先有印象才有观念。天生的盲人不会有色彩概念。

至于内在自我，休谟认为，你的心理本质（就是笛卡儿紧紧依附的那个东西）无法给你自己留下"印象"。你可以努力去寻找这个自我，也许在镜子里，也许在梦中，而休谟认为你永远无法体验到最本质的自我。

休谟认为，自我这个观念应该扔进垃圾桶。他写道：

"对我而言，当探索私密的自我时，总是被牵绊在这样那样的具体知觉之上，如热或冷、光或影、爱或恨、苦或乐。我从未发现自己在某个时刻没有任何知觉，除知觉外，我什么也觉察不到……

"如果真的有一个人，在经过认真、不带偏见的反思后，认为他有一个不同概念的自己，那我就得承认无法跟他讲道理了。

"最多，我能让步，承认他和我可能都是对的，只是我们在这方面有本质差异。他也许有一些简单而持续的感知，他把这些感知叫作自我；而我确定自己没有这种感知。"

——《人性论》

休谟认为，你永远无法体验到最本质的自我。

休谟否认任何个人存在“自我”的可能性，当然也就粉碎了基督徒关于“灵魂”的概念。

休谟在这里的观点属于其更具普遍性的批判的一部分，他拒绝将世界简单地划分为主体和客体：意识既不完全是一个客体，也不完全是一个主体。但是，凭借这些就直接说意识不存在，似乎不是休谟有权做出的结论。

在物理科学方面，现在休谟被认为是完全正确的。无论普通民众如何想象，并没有X会导致Y这种因果关系。其实，正如休谟所说，人类懒惰的思维方式，以及旧习惯造成的行事方法，导致我们将两种逻辑

休谟深入研究人类思想，以理解意识和思维方式。

人类意识如何创造出世界

休谟笼统的怀疑论挑战了至少七种主要的哲学关系。

除个人同一性外，还有：

相似

时间和空间的关系

量和数字的关系

质量或种类的程度

因果关系

休谟认为，时间、空间和因果关系等所有日常关系在哲学上都是值得怀疑的。

中永远不同的东西联系起来。

“既然所有关于存在的推理都来源于因果关系，而所有关于因果关系的推理都来源于经验中相关物体的某些现象相继发生，而不是来自任何推理或反思，那么这些经验必定也带给我们这些物体的概念，而且必定解开我们结论中所有的谜。这实在太明显了，简直不值得我们注意，这里特地说出来是为了避免接下来在关于物质和实质的推理中遇到这类异议。我不需要全面了解对象，只需要了解它的那些我们认为存在的特性。”

——《人性论》

不停逼近的怀疑

大卫·休谟随意而懒散的风格和丰满而面无表情的脸掩盖了他的狡猾和果断，就像卢梭曾经评价的，他非常坦率，令人感到害怕。

宗教在休谟哲学中没有地位，也没有任何作用。知识、道德和上帝都要回到地球，让休谟尽情审视。

正如伯特兰·罗素所说，休谟写下这一切时，“他希望受到猛烈抨击，这样自己就可以用精彩的反驳回击”。然而，他的《人性论》一出版就像“死胎”一样悄无声息地被忽视了。后来，休谟扩充并改写了这本书，第一次出版了《人类理解研究》（1748），第二次出版了《道德原理研究》（1751）。这两本书也没有得到他认为应有的关注。

位于拉弗莱舍（法国萨尔特省）的亨利四世时期耶稣会学院入口，休谟在这里与耶稣会辩论过宗教问题。

不过，正如伯特兰·罗素所说，休谟哲学是一个死胡同。“在他的这个方向上，不可能走得更远。”

休谟在笛卡儿曾经住过的法国小镇拉弗莱舍停留期间写作，宣布真正的知识只有两种来源，即经验与实验，和对各种关系进行的理性思考；其他来源的知识都应该被怀疑。作为其著作的开篇，这真是再恰当不过了。

后来，休谟介绍自己的新想法时，

笼统地解释说他的目标是要回答这个问题——“到底有没有任何东西是哲学上能够确定的”。

休谟说的怀疑不仅局限于“像罗伯特·波义耳那种怀疑体系”，那些体系“仅仅表明了特定种类的论证结论的不确定性”，他的怀疑论是“一种广泛适用的论证，能够表明在这样的人类理解结构下，所有学科的所有调查结果都必须被怀疑”。

拉弗莱舍市政厅前的卢瓦尔桥景观

休谟认为，自己与周围人明显不同。

孤独的人

“我如此谨慎地叙述这一奇妙人群（哲学怀疑论者）的观点，就是为了让读者明白我下面这个假设是真实的：我们所有关于因果关系的推理都来源于习惯；更恰当地说，相信因果关系是我们人类本性中感性部分的行为，而非认知部分的行为。”

——《人性论》

休谟曾经谈到自己躁动不安的哲思，以及这种哲思给自己带来的感受，这一独特的篇章会让人想起笛卡儿在《第一哲学沉思集》中警告读者，抛弃所有传统假设，哪怕暂时抛弃一会儿，会带来什么影响。

“首先，我在自己的哲学中感到孤独，惶恐不安又不知所措，感觉自己像是粗野的怪兽，不会交际，也无法融入社会，被所有人排斥，被完全遗弃在忧郁之中。

“我渴望跑到人群中寻找庇护和温暖，但无法说服自己融入这样的畸形社会。我呼吁其他人和我在一起，以建立一个单独社群，但没有人愿意听我说。每个人都与我保持距离，都害怕从四面八方向我袭来的风暴。

“我已经把自己暴露在所有形而上学家、逻辑学家、数学家甚至神学家的对立面。我还不知道自己必须承受的侮辱吗？我已经宣布不赞成他们的思想体系，对于他们对我的思想体系和我个人的憎恶，又有什么好惊讶的呢？

“看向四周，我能想到到处都是争议、矛盾、愤怒、污蔑和贬损。

“将目光转向内心，我却发现只有怀疑和无知。全世界都在合谋反对和驳斥我，而这就是我的弱点啊！如果别人都不支持我，我就觉得自己的所有观点会崩塌。

“我迈出的每一步都犹豫不决，每一次新思考都让我害怕在推理过程中出现偏差或谬误。”

直到1756年，休谟的反对者才组织起来，向爱丁堡教会法庭提交《人性论》摘要。他们认为，休谟应该因散布异端邪说被审判。

那些人仔细阅读了休谟的作品，认为休谟相信：

“第一，美德与恶行之间的一切区别都是虚构的。

“第二，正义的唯一基础就是促进公共利益，没有其他基础。

“第三，通奸是完全合法的，但有时候并不是聪明的做法。

“第四，宗教及教士对人类有害，要么让人陷于迷信，要么让人陷于狂热。

“第五，没有证据显示基督教是神的启示。

“第六，在基督教所有种类中，最好的是罗马天主教，后来的所有宗教改革都是疯子和狂热分子干的。”

让那些人更加愤怒的是，休谟并非不信教，而是一个离经叛道的信徒；他不是无神论者，而是不可知论者。

多年以后，休谟在巴黎一个他喜爱的晚宴中宣称，他从未遇到过无神论者，并质疑无神论者是否真的存在。晚宴的主办者霍尔巴赫男爵坚定地回答，在座一起用餐的就有十七位无神论者！

休谟特别喜欢文字争论，好在当时的教会已经厌倦了审判这种事情，拒绝追查“这么晦涩难懂且形而上学的话题”，裁定“不受理这种控告更具有启迪和教化意义”。

休谟去世以后，不会再被言论冒犯了。约翰·斯图亚特·穆勒写下了一段评语，对休谟的智慧表示赞赏，却谴责他的诚实：

“他的推理很尖锐，但推理目的不是

由于对基督教的批评，有人以散布异端邪说为由呼吁对休谟进行审判。

为了获得真理，而是为了表明真理无法获得。休谟的思想完全被他对文学的热爱所奴役，而且不是那种能让人类寻找幸福和痛苦的根源，以便追寻幸福，避开痛苦的文学作品，而是完全不考虑真理或效用，只为煽情而写出的文字。”

法国巴黎凡尔赛宫——休谟最快乐的时光在巴黎度过，他当时是一名英国外交官。

英国哲学家约翰·斯图亚特·穆勒

休谟自己的话

关于休谟的最后文字也许应该出自他自己之手。与大多数哲学家不同，休谟抓住机会写了自传（虽然已经卧床不起，时日无多）。

“自传”这个词可能不准确。这更多的是因为，休谟在尝试决定后人怎样记录、解释和理解他。一位评论家将这本书称为“古怪的回忆录”，而休谟取的书名是：

大卫·休谟先生的一生——由其本人撰写

奥古斯丁的《忏悔录》开创了这种文学体裁，但休谟的书可不是忏悔，而是他的成绩目录。他的书开篇简要描述了自己的青年时代。

“我成功完成了正常的学业，很早就被文学深深吸引住了。文学是我一生的激情，也是快乐的源泉……”

休谟写道，此后不久，他便确定了稳步追求的生活计划，并且成功做到了这样生活。除了提高自己的文学才华之外，他决心用为数不多的财富过严格的节俭的生活，决心保持自己的独立不受影响，用鄙夷的眼光看待所有事物。

和柏拉图相似，休谟并不是一个受逻辑疑问束缚的哲学家，而是一位喜欢好故事的优秀作家。但是，他也留下了许多新问题，让其他哲学家来回答。

休谟热爱书本和文学。

德国科隆大教堂的圣奥古斯丁画像

CHAPTER 7

第七章 资本主义和理性的人

政治经济学家们说：劳动是一切财富的来源。其实劳动与自然界一起才是一切财富的源泉，自然界提供劳动以材料，而劳动把材料变为财富。但是，劳动还远不止如此。它是整个人类生活的第一个基本条件，而且达到这样的程度，以致我们在某种意义上必须说：劳动创造了人类本身。

——弗里德里希·恩格斯

《劳动在从猿到人的转变过程中的作用》(1876)

弗里德里希·恩格斯

有序的思维

康德是哲学家中的哲学家。他认为，只要你有足够的逻辑性和严谨性，头脑里的一切都可以被解释并放在适当位置。

康德实践自己宣扬的东西，每天准时起床，吃精确计算过的饭菜，抽出适当的时间去散步，并在阳光下写大量东西。康德因其伦理和推理散文而闻名，在包括天文学和数学在内的其他领域也做出了重要贡献。

德国哲学家伊曼努尔·康德

康德出生后，一直住在有德国文化氛围的小镇柯尼斯堡。今天，那里被称为加里宁格勒，是俄罗斯在波兰和立陶宛之间的一块飞地。康德在童年接受的主要是基督教新教教育。

在学校，康德受到神学和古典文学的熏陶，显然被卢克莱修伟大的形而上学诗歌深深吸引。

"Ergo vivida vis pervicet et extra processit longe amentia moenia mundi atque omne immensum peragravit mente animoque."

"他的精神力量占了上风，

"他走得很远

"越过天空燃烧的壁垒，

"他的思维和精神穿越无垠的宇宙。"

——卢克莱修《物性论》

第一卷第72行

作为一名教授，康德后来开设了一系列令人印象深刻的课程：数学、人类学、自然科学、地理、逻辑、哲学、神学，甚至建筑和烟火。当时，教授是不领薪水的，由前来听讲座的学生支付报酬。

康德对规则进行哲学探索始于许多奇怪的个人习惯。他经常和一些知识分子朋友一起吃饭，但至少有三

伊曼努尔·康德在加里宁格勒的雕像，加里宁格勒现在是俄罗斯的一块飞地。

古希腊女神缪斯影响了康德的社交生活。

人，而且不会超过九人，即古典美学中古希腊缪斯女神的数量。

康德餐桌上的闲谈内容涵盖非常广泛的话题，他一直对政治、经济和科学发展表现出浓厚的兴趣。康德以机智和对细节的记忆而闻名，尽管从未去过外国小镇，却可以描述出它们的细节。

康德的早期作品试图找出抽象的形而上学理论中源于纯逻辑的内在矛盾。例如，康德担心：尽管在逻辑上事物是A或者不是A是正确的，但事物事实上可以同时是A和不是A。例如，火车上的一张桌子，这样的实体对象既是运动的也是静止的，取决于观察者所处的位置。

康德也以类似精神审视了因果关系的性质和上帝存在的证据。在哲学中，康德承认起源于英国的经验主义（特别是休谟）的一些怀疑论，但仍然深深地根植于形而上学传统，然后是“关键时刻”。康德在这里提出了“革命性”观点：试图将知识解释为与我们的经验对象一致的东西，罕有成功；而将这些对象看作与我们的认知能力一致，是一种更有希望的做法。

康德三篇评论的出版，标志着这一转变。第一篇讲纯粹理性；第二篇讲实践理性；第三篇讲判断力，很少被提及。

首先，康德试图解决理性主义者（如笛卡儿）和经验主义者（如洛克和休谟）之间的争论。理性主义者（如笛卡儿）试图通过抽象推理来理解宇宙，而经验主义者（如洛克和休谟）则坚持知识只能来自感觉、知觉和实际观察。康德的目标是把两种方法结合起来。要做到这一点，关键是要问：世界上任何经历都需要哪些先决条件？康德假设，在人类意识能够感知之

火车上的桌子在火车上的人看来是静止不动的，但在火车下的人看来却是运动的。

康德冒犯教会

在1793年出版的《单纯理性限度内的宗教》一书中，康德试图（正如书名所暗示的）将宗教信仰置于健全的、合乎逻辑的基础之上。

有种观点认为，既然幸福在经验世界中不能完全实现，假设有某种机制在其他地方可以实现它，这是合理的。康德认为，肯定有不朽的灵魂能够朝着目标努力。与此同时，为强调以道德为中心的宗教的首要地位，他将自己远离宗教制度和仪式。他甚至建议，宗教对人的要求不应超过道德水准，这一建议从本质上威胁到了教会的权威地位。

所以，尽管康德在很多方面是一个非常胆小的人，却卷入了与普鲁士新教教派的政治争论。

教会向弗里德里希－威廉二世施压，迫使康德在宗教问题上放弃表达自己的观点。

康德家乡加里宁格勒的柯尼斯堡大教堂

康德试图解决理性主义者和经验主义者之间的争论。

前，必须已经有某种理论和方法框架来理解那些毫无意义的数据。

换句话说，大脑具有内在结构，将规则强加给这个世界，否则它将不复存在。

他用一些类别来说明这一点，并把它们放在相反的表格中。例如，“质量”可以是肯定的，也可以是否定的，也可以是无限的；“关系”可以是范畴性的、假设性

康德认为，人的思想具有处理思想和信息的内在结构。

的，也可以是否定性的。

如果你搞不懂的话，别担心——你有很多同伴，我认为康德的名声在很大程度上是建立在其令人费解的晦涩的语言上的。

事实上，一位译者（从某种角度来说，他是康德的崇拜者）这样评价康德："他经常重复，令人感到厌烦，使用大量词语，用最笨拙的方式，表达本来可以用寥寥数语就能更清晰、更明确表达的

意思。”

康德所做的各种（模糊的）区别被放在一个空间和时间框架中。

他将空间和时间范畴称为“直觉形式”，被人类头脑强加于感官体验（“现象”）上，以便大脑能够理解一切。

贝克莱很早之前就强调过这一观点，所以这并不是完全新鲜的概念，但康德对他的独创性非常自豪，并将其见解与哥白尼颠覆“太阳系”相比较。

思维游戏

康德的“哥白尼革命”是为了让人类思维积极主动地组织世界，而理性主义者和经验主义者都把它放在被动状态。

理性主义者假设思维自带内在模板，而经验主义者则假设它是一个可以对外部刺激做出反应的空白石板。

康德认为，正是通过创造抽象原则，思维才能将经验赋予秩序，并产生知识。

这些关于自我意识或“感知”的范畴是必要的，正如康德所说，他使用的是莱布尼茨的术语。然而，在完成《实践理性批判》时，康德要求将道德置于理性基础之上。

这一次，康德又发表了他所称的“绝对命令”的一般规则。他提出几种不同的公式，通常表述为：

“只有按照公理行事，你才能使它成为一种没有矛盾的普遍规律。”

康德的半身像荣立于德国多纳斯夫的瓦尔哈拉名人堂中。

康德对谜题的思索

康德最负盛名的著作《纯粹理性批判》中很大一部分内容，致力于揭示因误解空间和时间的本质而导致的错误。

第一个悖论，宇宙必须在时间和空间上都有一个起点——这是绝对不可能的。

第二个悖论，所有东西都必须由更加微小的部分组成——并且，所有东西最终必须由相同的东西组成。

第三个悖论，因果关系是一个完全机械的物理现象——因和果根本不是物理现象。

最后，他充满疑惑地说，倘若上帝存在，他必须按照一定的逻辑行事——从逻辑上说，上帝并不需要存在。

像希望别人如何对待你一样去对待他人，并不是道德生活中绝对正确的法则。

康德又一次认为这是一个具有高度原创性的突破，但这一公理很像古老的禁令（被称为“黄金法则”），即你希望别人怎样对待你，你就应该怎样对待别人。这是非常好的建议，但在实践中往往会失败。

例如，某人（也许是一个出家人）也许喜欢寒冷和饥饿的感觉，坚持睡在地板上，因为他认为这是一种良性生活方式。

对他们来说，这一规则意味着他们会让自己的孩子同样忍受寒冷和饥饿，睡在地板上，甚至对其他人也会如此要求。但是，为什么他们的行为是道德的呢？孩子们可能并不希望如此。

或者想想疯狂的持刀者，柏拉图在一个小剧本中提出的问题。如果一个疯子气急败坏地敲门，要求你归还一周前借的刀，因为他要持刀找邻居解决问题，那么康德会说你应该归还它，因为借东西应该归还，没有例外！

同样，当你归还那把刀后，你不能向那个疯狂的持刀者撒谎说邻居没有藏在床下，因为（对康德来说）撒谎总是错的。

这种朴素的率直是康德的典型特征，他在哲学领域的地位很高。代表传统观点的菲利普·斯托克斯，不管从哪个角度都可以被称为一位精明的法官，他将康德视为“可能是自亚里士多德以来最伟大、最有影响力的哲学家”。

柏拉图的“疯狂持刀者”对康德提出了一个问题。

然而，罗素没有那么热情。在提及因果关系时，他说，如果康德声称休谟对因果关系的批判使他“从教条的沉睡中醒来”，那么这种觉醒只是暂时的，因为他显然“很快发明了另一种催眠药，再次入睡”。

罗素对康德并不友善的评价似乎是由康德自己的原话证实的，他写道：

“我的研究让我得出这样的结论：我们熟悉的并不是事物本身，而是简单的现象，通过某种方式与经验联系在一起。因此，如果没有矛盾，它们就无法摆脱这种联系。

“只有通过经验，它们才能被认出来。能够证明理性概念对于经验对象的客观实在性，并且能够证明它来自纯粹的理性，而不是外在或经验的来源。因此，我首先摧毁怀疑主义的根源，然后是由此产生的怀疑主义本身。”

——《纯粹理性批判》

康德提出的（休谟回避的）绝妙解决方案是什么呢？他认为，要在我们感知的世界（由我们的精神范畴创造）和他所称的“现象”世界，以及我们不能直接接触的“潜在”世界（他称之为“本体”世界）之间建立一种区别。

解决方案的一个副作用，康德认为是可以接受的，那就是人类永远与基本的现实脱节。然而，另一位德国哲学家乔治·威廉·弗里德里希·黑格尔，终其一生发现，这种约束是非常难以容忍的。他在哲学上的努力正是为了揭示这个潜在的现实，并揭示本体世界。

德国哲学家乔治·威廉·弗里德里希·黑格尔

黑格尔的生活

乔治·威廉·弗里德里希·黑格尔（1770—1831）出生于德国斯图加特一个传统保守的家庭，小公务员乔治·黑格尔是这个家庭的领导。

乔治·威廉·弗里德里希·黑格尔被家人送到图宾根神学院，与未来的史诗级诗人弗里德里希·霍德林和哲学家弗里德里希·谢林一起接受教育。可以说，他们三个人共同见证了法国大革命的发展和拿破仑·波拿巴的崛起。

黑格尔曾经做过一段时间教师和报纸编辑。

事实上，黑格尔认为拿破仑是“世界精神”的化身。在一封给朋友的信中，他写到他的书桌上放着完整的《精神现象学》手稿，记录了自己看到的景象：

“1806年10月13日晚上，我在书房外看到拿破仑占领军的营火……第二天，在穿过耶拿的一匹马的背上，我看到了‘世界精神’。”

这是一个极其正面的形象，几乎可以说是新闻报道。事实上，黑格尔曾经短暂做过新闻编辑。除此之外，他一生致力于教学，先是在耶拿，然后是纽伦堡、海德堡，最后是柏林。

黑格尔的前两份工作都是在学校，但只有最后一份工作（从1816年起），他才成为大学教授。黑格尔被认为是与生俱来的教授，但事实上，他的主要作品是早期在学校学习的时候创作的。

黑格尔的形象在我们眼中并不吸引人，而他的一个学生描绘出的则是一个很让人讨厌的形象（在回忆他的演

黑格尔看见拿破仑骑马经过耶拿。

讲时）：

“他在那里坐着，神情轻松，脸有些阴沉。他说话的时候，不断地翻长对开本手稿，不断地干咳和吐痰。他的每个观点都是孤立的，似乎都是支离破碎、扭曲不堪的。他的每个字、每个音节，似乎都是不情愿地发出的，好像从斯瓦比亚方言的金属音中得到一种奇怪的强调，仿佛这是最重要的话似的。”

黑格尔的第一部（也是最著名的）重要著作是《精神现象学》（有时被称为《心灵》）。

解决思想之间的冲突，创造新思路，是黑格尔所说的“辩证推理”过程。

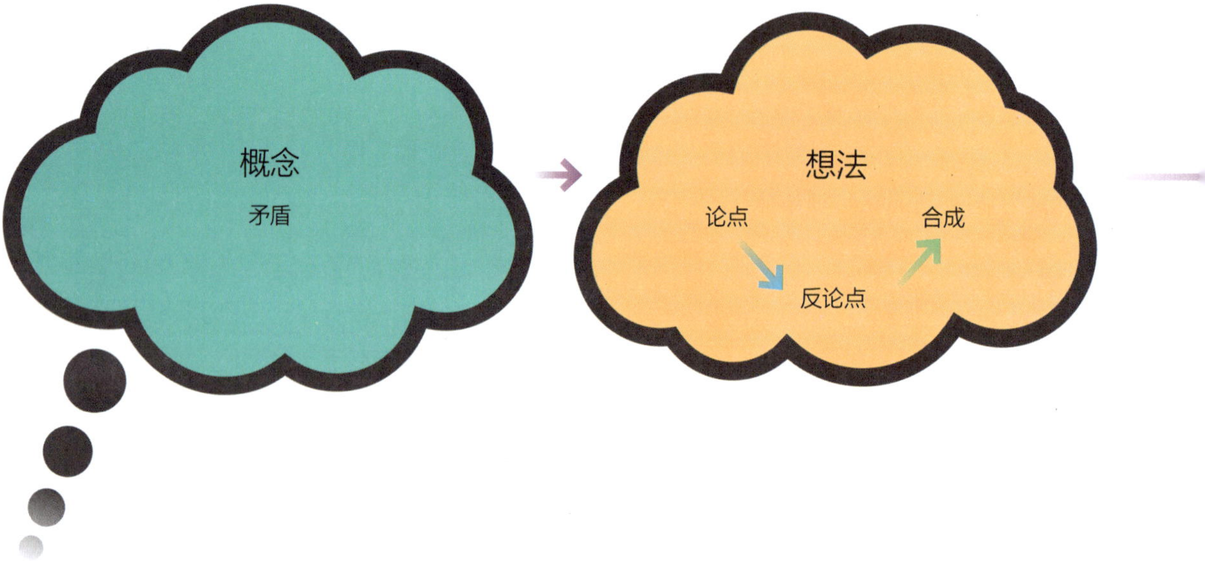

终其一生，黑格尔出版了许多著作，包括《哲学科学百科全书纲要》《逻辑学》和《法哲学原理》。

和康德一样，黑格尔也因其作品晦涩难懂而闻名。他同康德一样，在自己投身的领域内雄心勃勃。

对黑格尔来说，理解现实的关键在于矛盾原则。事实上，这是康德在简短讨论某些悖论或“矛盾”时采用的一种极为有效的原则。

康德提出的矛盾可以说是美味的开胃酒，但对黑格尔来说，矛盾是提升哲学洞察力的途径。

当一个想法被发现其中蕴含矛盾时，就会触发寻找解决问题的方法。在这个过程中，思想本身被迫发展并转移到一个更

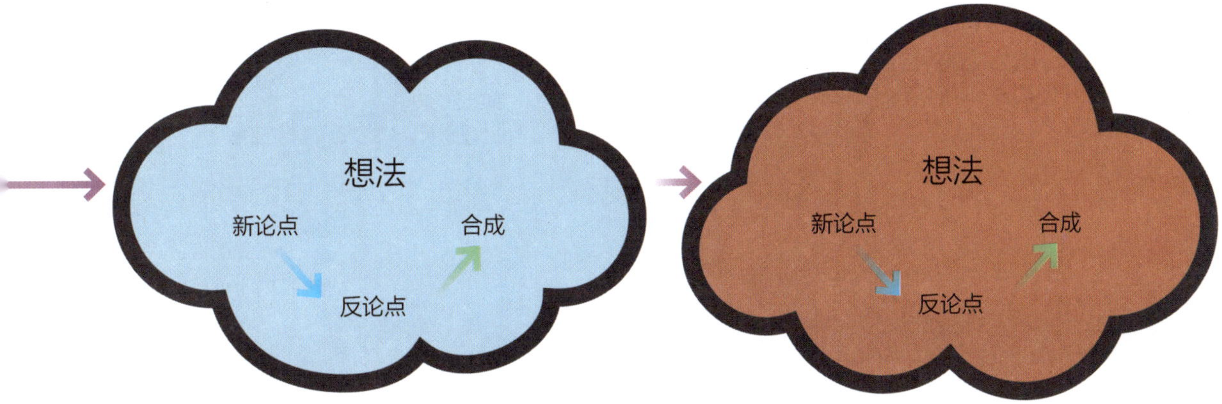

高的阶段。

黑格尔将这个过程称为辩证推理。它由一个命题组成，这个命题不可避免地产生一个反命题，然后两个命题必须进行斗争，直到结合旧观点之后合成一个新的更好的理论。

这个合成过程不断进行，一旦被建立，很快就会产生一个新的论点和该论点的反论点，然后必须探索新的合成论点。

这种悖论式推理启发了黑格尔，他在自己的作品中采用这种方式，以其所谓辩证推理形式展现问题。

他的意思是产生一种观点，呈现一种对立观点，然后像魔术师变兔子一样，产生第三种观点来调和矛盾。

黑格尔不认为法国大革命是一场争取自由的斗争。

社会冲突

黑格尔将其辩证推理应用于各种各样的问题——毫无疑问，其最具影响力的主张是人类社会就是以这种进化方式发展的。

对黑格尔来说，社会起源是在两个人之间发生的第一次冲突，通过“血战”双方试图让对方承认自己是主人，并接受奴隶角色。从那以后，社会就永远分为两类人：奴隶和主人（他是指男人和女人之间的战争吗？不太可能，而且他似乎没有考虑过这个问题）。

然而，推动一个阶级去压迫另一个阶级的并不是物质需要，而是纯粹由于人类对权力的强烈欲望而产生的冲突。法国大革命就是奴隶起义。

与托马斯·霍布斯不同，黑格尔赞同这种动机，他称之为“渴望得到认可”。对许多人来说，这可能导致死亡，但却是通向“自由”的唯一道路。在《法哲学原理》中，黑格尔认为这是一种有趣的自由。他写道：

“世界历史受到不受控制的自然意志的约束，使它服从于普遍原则，并赋予主观自由……”

黑格尔巧妙地解释了，国家不是为个人存在的，而个人是为国家存在的。

黑格尔的新社会只是一种极权主义理论。他认为任何事物与其他事物分离是一种错觉，而且，尽管这么做，我们的思维

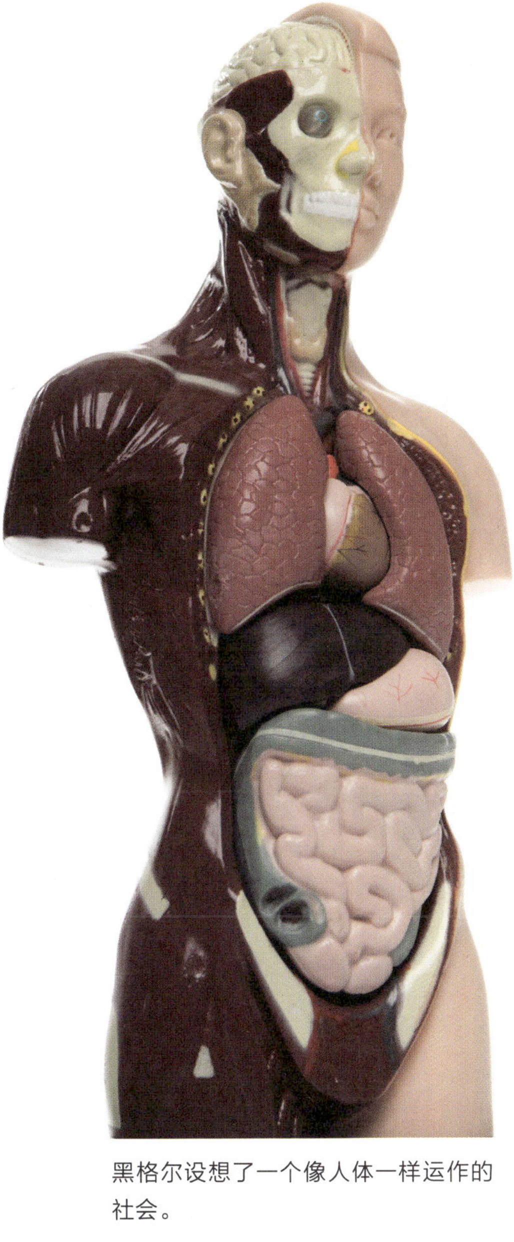

黑格尔设想了一个像人体一样运作的社会。

卡尔·马克思运用黑格尔的辩证推理发展了自己关于社会应该如何构建的观点。

还是有缺陷的。事实上，即使“整体”取代了所有这些想象中的独立物体，本质上也不是一种物质，而是像有机体一样，由很多部分组成。例如人体，是由不同部分组成的，每个部分具有各自的特点和功能。

对黑格尔来说，正确的认知方法不是去思考真理和谬误，而是去思考那些只有部分真实的思想，以及那些接近真理的思想。他称之为“绝对”，而这与当时的社会政治息息相关。

即使空间和时间的最本质区别——“绝对”——也更像上帝（一种相当严肃的上帝）。这里引用黑格尔关于历史哲学演讲的一段话：

“在我们观察它的舞台（普遍历史）上，精神在最具体的现实中展示自己。”

从历史上看，黑格尔的思想最重要的影响，是在政治方面，这是很有道理的。特别是，他的辩证推理思想被卡尔·马克思和弗里德里希·恩格斯吸取。

马克思和恩格斯审视了黑格尔的理论，提出了自己的版本。在这个新版本中，人类阶级冲突结束了。在平等的公民社会里，由一位慈祥的、博学的共产党干部进行协调，分歧就会消散。

实现这一理想，远比马克思和恩格斯预想的困难得多。他们当时的写作背景是，穷苦工人在工厂里为统治阶级辛勤劳动。

“迄今为止，所有现存社会的历史都是阶级斗争的历史。”

——《共产党宣言》

让我们近距离审视一下恩格斯，他很少被提到。尽管对他的关注较少，但人们认为恩格斯也是辩证唯物主义理论的创始人。他的观点主要认为，在贫苦工人与资本家的矛盾斗争中必然会产生一个全新的、完全平等的社会主义世界。

弗里德里希·恩格斯与马克思共同发表了《共产党宣言》。

乌托邦

很有可能，恩格斯在马克思家中写下了《共产党宣言》初稿。

恩格斯可能还撰写了《德意志意识形态》的大部分内容，该书是后来革命者的主要参考文献。

恩格斯在另一本名为《社会主义从空想到科学的发展》的书中提出了“马克思主义”概念。

Manifest

der

Kommunistischen Partei.

Veröffentlicht im Februar 1848.

Proletarier aller Länder vereinigt Euch!

London.

Gedruckt in der Office der „Bildungs-Gesellschaft für Arbeiter“

von J. E. Burghard.

46, Liverpool Street, Bishopsgate.

《共产党宣言》第一版，德文版。

恩格斯甚至还做了汇编《资本论》的重要工作，尽管这被认为是马克思出于研究目的在大英图书馆做的大量笔记。

与黑格尔不同，恩格斯是坚定的唯物主义者。他认为，物质因素是自然现象的基础，因此社会的进化和发展是由物质因素驱动的。他将这些称为“物质生产力”。人们在生产物质产品过程中涉及的关系解释了所有社会现象。

“国家真正作为整个社会的代表所采取的第一个行动，即以社会的名义占有生产资料，同时也是它作为国家所采取的最后一个独立行动。那时，国家政权对社会关系的干预将先后在各个领域中成为多余的事情而自行停止下来。那时，对人的统治将由对物的管理和对生产过程的领导所

卡尔·马克思在伦敦大英博物馆阅览室做了大量研究工作。

代替。国家不是‘被废除’的，它是自行消亡的。”

——《社会主义从空想到科学的发展》（1880）

与此相似，在《哲学的贫困》（1847）中，马克思是这样说的：

“随着新生产力的获得，人们改变自己的生产方式，随着生产方式即谋生的方式的改变，人们也就会改变自己的一切社会关系。手推磨产生的是封建主的社会，蒸汽磨产生的是工业资本家的社会。”

对马克思和恩格斯来说，社会主义不

1993年，比尔·克林顿在首席法官威廉·雷恩斯特面前宣誓就任美国总统。

是关于人们想要什么，也不是关于对与错，而是一个现实。社会主义是安排生产力量以促进人类幸福的最有效方式。

在黑格尔看来，思想是为了进步而斗争的，马克思和恩格斯坚持认为思想反映了经济、物质力量和关系。思想不能推动革命，而实用经济学可以。

简而言之，正如帮助比尔·克林顿在1992年成功击败时任总统乔治·布什的竞选策略家詹姆斯·卡维尔所说的那样，“经济才是关键”。卡维尔的想法是让选民远离伊拉克战争，而伊拉克战争曾经一度得到90%美国人的支持。

十年过去了，战争依然是一种有毒的遗产。但是，正如俗话所说，在政治上，一个星期也是一段时间。

马克思和恩格斯一直在对资本主义社会进行哲学思考。事实上，温和的思想家亚当·斯密（1723—1790）更早描述了资本主义机制的关键要素。

亚当·斯密的《国富论》一书令人难以置信地畅销，他在书中指出，资本主义促进了普遍利益。他认为，资本主义可能是最好的制度，而且创造出了最好的世界。这一观点被今天的西方政治家接受。

如今，马克思主义理论已经被大众接受；而亚当·斯密的观点和思想继续在经济辩论中被提到，并得到为政府服务的经济学家大力提倡或反对。

苏格兰爱丁堡圣贾尔斯大教堂外的亚当·斯密纪念碑

《国富论》

亚当·斯密探讨了自我利益的概念。

1776年，亚当·斯密的《国民财富的性质和原因的研究》（简称《国富论》）第一版问世的时候，恰巧也是《美国独立宣言》发表的时候。该书标价1英镑16先令，在当时可谓天价，却在6个月内销售一空。

亚当·斯密的出版商威廉·斯塔赫恩刚刚出版了另一本畅销书——由爱德华·吉本创作的《罗马帝国衰亡史》。他一度担心，对于阅读《罗马帝国衰亡史》的读者来说，《国富论》可能显得过于技术性。但是，吉本意识到亚当·斯密的分析和他的作品有很大的力量。"它就在那里，"他写道，"用最清晰的语言表达了最深刻的思想。"

之所以会出现这种情况，是因为尽管有《国富论》作为标题，全书内容却不只是关于经济，而是提出一个更为完整的社会愿景。根据书中描述，经济学只是社会生活的副产品，但却是十分必要的。

因此，亚当·斯密不仅关心金钱，而且关心正义和公平。如果他的发现今天被不同性格的人采纳，那也不是他的过错。

亚当·斯密是一位比人们通常认为的更激进的哲学家。

柏拉图、约翰·洛克，这些早期哲学

家，认为社会需要建立在利他主义基础上，或者至少（如霍布斯所言）抑制私欲。亚当·斯密也坚定认同这一点。

这正如，并不是出于屠夫或面包师的善意，我们才可以期待自己的晚餐，而是出于他们对自身利益的清醒认识。

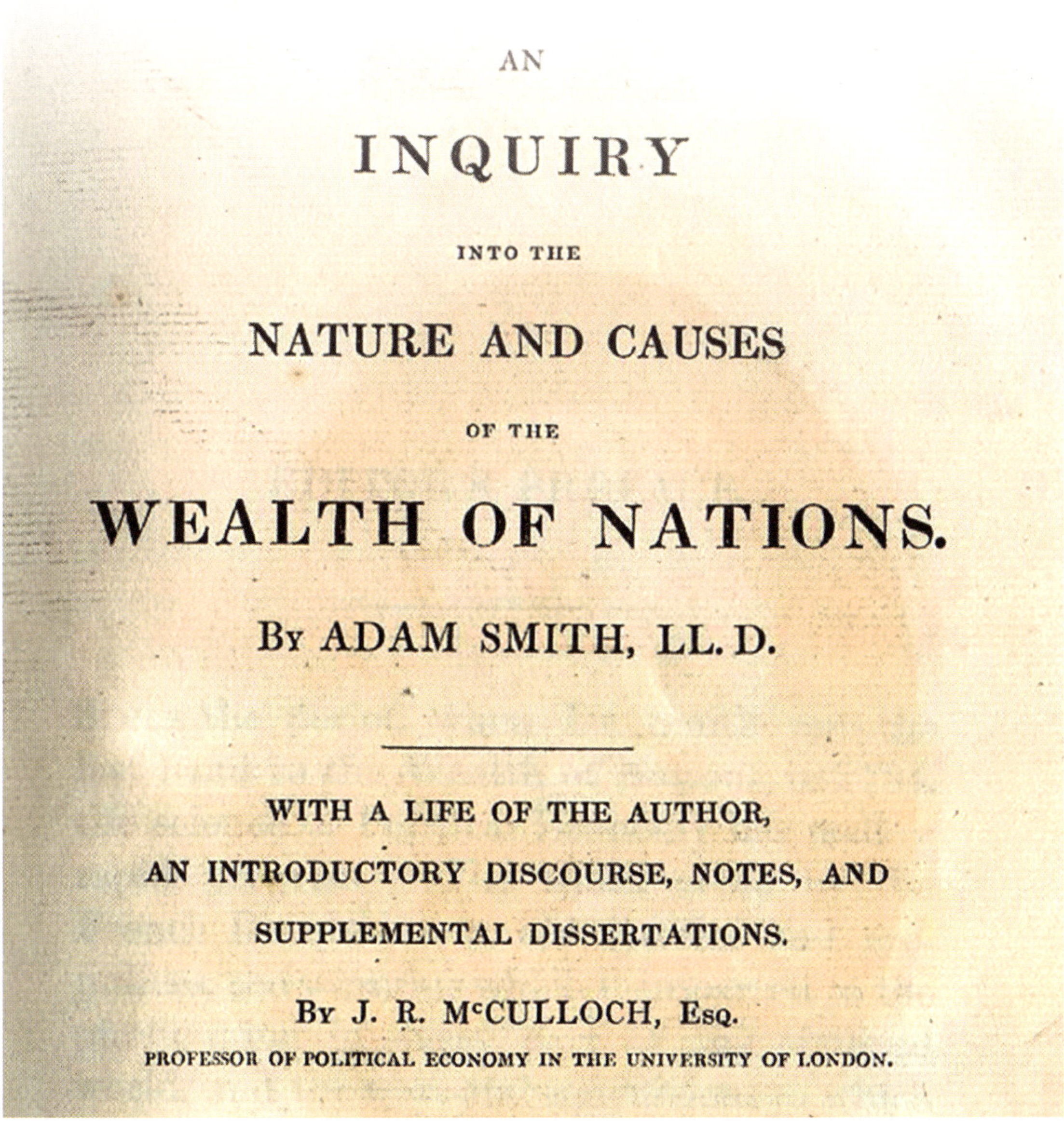

AN

INQUIRY

INTO THE

NATURE AND CAUSES

OF THE

WEALTH OF NATIONS.

BY ADAM SMITH, LL. D.

WITH A LIFE OF THE AUTHOR,
AN INTRODUCTORY DISCOURSE, NOTES, AND
SUPPLEMENTAL DISSERTATIONS.

BY J. R. MCCULLOCH, ESQ.
PROFESSOR OF POLITICAL ECONOMY IN THE UNIVERSITY OF LONDON.

非计划性的社会效益法则是通过亚当·斯密的“看不见的手”发展而来的：

“……每个人必须努力使社会的年收益尽量最大化。

“实际上，他既不打算促进公众意图的实现，也不知道他促进了什么……

“他只是为了得到自己的利益。在这一点上，就像在其他许多情况下一样，他由一只看不见的手牵着，推动实现一个不属于自己意图的结果。”

卡尔·马克思与亚当·斯密在人性问题上存在根本分歧。

马克思和恩格斯认为，人类动机本质上是实际的，是由对热量和食物的生理需求指导的。而亚当·斯密则认为，人类动机本质上是心理

层面的，甚至是道德层面的。

“……主要是出于对人类情感的关心，我们追求财富和避免贫穷。世界上所有的辛苦和忙碌为了什么目的？贪婪和野心的终点在哪里？我们对财富、权力和优越地位的追求终点在哪里？

“被观察，被注意，被同情，自满和赞许是我们可以从中得到的所有好处。

“我们感兴趣的是虚荣心，而不是安逸或享乐。”

——《道德情操论》

受玉米价格变化的影响（研究也影响了马克思），亚当·斯密调查了人类的价值观，从父母、教师、同学和社会的影响中看到了道德行为。良心就像一种“公正的旁观者”，监视和评判着我们。

当弗洛伊德用“无意识”引导我们误入歧途的时候，亚当·斯密让他所说的公

亚当·斯密认为，合作对经济各个方面都有指导作用，即便人们并不打算这么做。

正的旁观者，类似弗洛伊德的“超我”，坚定地带领我们走向光明。

一个人对他人的尊重由四个因素决定：个人素质、年龄、财富和出身。第一个是可以讨论的，所以年龄是一个很好的标准。亚当·斯密指出，财富是令人惊讶的尊敬之源。富人因为自身财富而受到尊敬，而穷人会失去这两方面。

马克思和亚当·斯密发现，巨额财富和极度贫穷在英国维多利亚时代同时存在。

亚当·斯密意识到自我欺骗的可能性，并谴责那是“人类生活紊乱的一半”的根源。他在《道德情操论》中写到，如果我们能像其他人认识自己那样看待自己，“改革是不可避免的”。否则，我们将无法忍受这种景象。

要判断自己的行为，你必须——至少在一段时间内——将两者分开，其中一种是另一种行为的旁观者。大自然赋予我们每个人的欲望，不仅要得到认可，而且要有一种应该被认可的愿望。

——《道德情操论》

但是，马克思在《哲学的贫困》中解释，人们既是作家，也是自己戏剧的演员——甚至是哲学家。马克思在《科尔尼斯时报》的一篇社论中解释，这些“不会像蘑菇一样从地下冒出来”，但同样是“那个时代、那个国家的产物，其最微妙、最有价值和无形的源泉汇入了哲学思想”。

即使双胞胎也不能像其他人看着他们那样看到自己，按照亚当·斯密说的，我们应该努力做到。

伟大的友谊

马克思和恩格斯对哲学和世界政治都产生了深远影响，他们必须作为有史以来最伟大的二人团队而被世人铭记。

卡尔·马克思和弗里德里希·恩格斯的社会背景截然不同。

卡尔·海因里希·马克思出生于特里尔（在当时的德国莱茵省），1883年病逝于伦敦。马克思曾在波恩和柏林学习法律，却被哲学和历史迷住了。他在研究中运用了黑格尔的“辩证”方法，用这种方法，所有事物都会产生相反的结果，随之而来的是因为“合成”必然出现的冲突。

马克思似乎过着悲凉和孤苦的生活，即便生活条件不是真正贫穷，也很拮据。由于营养不良和生活条件恶劣，他的七个孩子有四个夭折，而他也深受影响。

马克思的妻子燕妮撰写和编辑了许多关于改革的文章的初稿，但她的实际投入有多大，没有人真正知道。

在欧洲大部分地区（包括巴黎、罗马、柏林、维也纳、布拉格和布达佩斯）革命失败后的关键时期，恩格斯一直是马克思背后的支持者。作为纺织品制造商的儿子，恩格斯也是曼彻斯特一家工厂的所有者。他原本想成为一个小说家，但不得不遵从父亲的意愿，接手家族生意。事情就是这样开始转变的。

1842年，两人在柏林相识。两年后，也就是在巴黎，他们才开始了终生的合作。恩格斯向马克思介绍了工人阶级问题

恩格斯位于伦敦樱草山的房子

英国维多利亚女王因马克思和恩格斯的共产主义理念而感到不安。

和政治科学领域的哲学发展方向。尽管如此，恩格斯始终认为马克思具有原创性。

1847年，马克思和恩格斯在伦敦重新组织了共产主义者同盟，并在欧洲革命风起云涌的1848年共同撰写了《共产党宣言》。

《共产党宣言》用德语写成，在伦敦印刷，1848年6月巴黎工人起义时被迅速翻译成法语，在历史上留下了印记。

《共产党宣言》以一个著名的承诺开始："让统治阶级在共产主义革命面前发抖吧。无产者在这个革命中失去的只是锁链。他们获得的将是整个世界!"

书中将社会描绘成一个"日益分裂为两大敌对的阵营，分裂为两大相互直接对立的阶级：资产阶级和无产阶级"的整体。马克思和恩格斯在《共产党宣言》中令人难忘的一句话是："至今一切社会的历史都是阶级斗争的历史。"

正如恩格斯在1888年的《共产党宣

恩格斯对阶级斗争的看法与人类进化相似。对他来说，阶级斗争就是社会在进化。

言》的英文版前言中所言，这一观点可与达尔文的进化论媲美。马克思主义是关于社会进化的理论，这和达尔文关于物种起源的生物学模型类似，其结论也是自然而然的。

150多年后的今天，社会发生了巨大的变化，无产阶级或全职劳工所得的待遇有了很大的提高，而马克思和恩格斯的观点依然会在劳动者和社会弱势阶层中产生共鸣。

马克思和恩格斯还说，当我们研究新工业社会的特点时，我们看到资产阶级已经确立了自己在现代国家的最高权力。

他们管理政府，把政府变成“管理整个资产阶级的共同事务的委员会”。这句话也仍然在社会中引起共鸣。

马克思主义是一种斗争理论。因宣传革命，马克思受到资产阶级敌视。被法国当局驱逐出巴黎后，他宣称自己是“世界公民”。

马克思曾经在布鲁塞尔短暂定居。

马克思与俄国革命家和无政府主义者米哈伊尔·巴枯宁发生过争执，尤其是关于共产主义先锋队是迎来没有阶级的社会，还是会沦为腐败、残酷、无能的官僚机构。

《共产党宣言》出版后，马克思为人们展示了新的形象，这让他在德国很“不受欢迎”。1849年，马克思一家回到了伦敦，马克思在那里度过了余生，号召被资本家残酷剥削的工人们奋起反抗。

卡尔·马克思在英国伦敦海格特公墓的墓碑

这是小说家查尔斯·狄更斯笔下的伦敦黑色撒旦工厂；在严酷的工作场所，奥利弗·崔斯特想要更多的粥被拒绝；在伦敦，赤脚的孩子们挣扎着自食其力。

雕刻作品展示了19世纪伦敦的贫困状况。

在维多利亚时代的果酱工厂里，女性工人占主导地位——这似乎是一项令人感到闷热的危险而又艰苦的工作。

显然，马克思和恩格斯更关心的不是人类故事，而是社会如何发展变化。

他们的理论具有强大的影响力，鼓舞了千千万万的人起来斗争，反抗自己的命运。但是，恩格斯自己是一个工厂主，在某种程度上，他因个人经历而感到痛苦。在去世前，他认为自己是“那个时代最遭忌恨和最受诬蔑的人”。

《共产党宣言》

马克思和恩格斯批判性地继承了德意志古典哲学、英国古典政治经济学和英法两国的空想社会主义，总结工人运动经验，创立了科学社会主义理论。

《共产党宣言》充分肯定了资本主义制度取代封建制度的进步作用，同时认为资本主义不能适应社会化大生产的需要，会被共产主义取代。

《共产党宣言》明确指出阶级斗争在阶级社会中推动历史发展的重要作用，认为无产阶级的历史使命是用暴力推翻资产阶级统治，建立无产阶级政权。

《共产党宣言》号召全世界无产者联合起来，同资产阶级进行斗争。

CHAPTER 8

第八章

A FORK IN THE ROAD: PHILOSOPHIES OF ROMANTICISM AND HUMAN STRIVING

人生岔路口：浪漫主义与人类奋斗的哲学

在一生中，每个人的终极目标都指向爱情……而远远大于其他追求。因此，这也是值得每个人认真对待和追求的。

——叔本华《作为意志和表象的世界》

（《世界作为意志再论》补遗）

体系对抗者

在标准教科书中，你会发现，哲学是理性和逻辑长期发展的结果，大学里的职业哲学家都很幸福。

这只是教授笔下的版本，还有另一面，故事名字不同，结局也不同，而且是非学术性的，具有文学特性和哲学色彩。

在前几章中，我们提到了三位伟大的哲学体系创立者——康德、黑格尔和马克思。他们都强调“一劳永逸”，规则不仅要管控人类社会（本身已经是宏伟计划了），还要管理整个宇宙。

丹麦哲学家索伦·克尔凯郭尔雕像

这章我们会讲述另外三位与常规体系对抗的哲学家，他们不太著名，但也颇具影响力。他们是反传统理念的丹麦哲学家索伦·克尔凯郭尔，被视为“害群之马”的德国语言哲学家亚瑟·叔本华，还有耀眼的法国哲学家让-雅克·卢梭。

我们首先来了解一下伟大的浪漫主义者卢梭，他是三人之中最具有雄辩才华的人。卢梭善于打破哲学传统，正如德国哲学家莱布尼茨一样。对卢梭来说，笛卡儿的“我思故我在”是腐朽之根，而非真理之源。他坚持“自我非我”，主张我感故我在，而我思，只能让人想到他人的存在。

对托马斯·霍布斯来说，“自我主义”使人贪婪和恐惧，而卢梭却将之视为每个人心中“灵魂的火花”，并将自由置

法国哲学家让-雅克·卢梭在1753年，具有浪漫主义姿态。

于所有因素之上。这种自由包含三部分：自由意志、规则范围内的自由（理想状态下是没有法律的）和个性自由。

卢梭指出，就像霍布斯和洛克等人，他们的大部分哲学意象都源于拥有财产的上流社会。而卢梭把财产看作大多数问题

产生的根源。

相反，卢梭推崇的是已经消失的前工业时期的生活，当时人们像动物一样吃大自然的果实，并且没有冲突。他的同乡，受人尊敬的作家伏尔泰就曾经取笑卢梭，称按照他的哲学观点，他需要“四条腿走路”。

然而，卢梭的理论却引起共鸣，为法国和美国大革命风暴做出了贡献。

“社会源于我们的需求，而政府源于我们的罪恶；前者汇集我们的仁爱，从正面提升我们的幸福，而后者约束我们的罪恶，从反面提升我们的幸福；一个推动交流，一个制造差别，前者是保护人，后者是惩罚者。”

——托马斯·潘恩《常识》（1776）

卢梭是一位伟大的哲学乐观主义者，而亚瑟·叔本华则是哲学界的悲观主义者。他在《论生存的痛苦和虚无》一书中，甚至这样写道：

“在遭遇不幸和承受痛苦时，最有效的安慰是看到那些比我们更加不幸的人，这人人都可以做到。但是，如果所有人都承受不幸和痛苦，我们还会有其他方法吗？我们就像在田野中奔跑的羔羊，在屠夫的眼皮底下玩耍，屠夫心里却在暗自盘算先杀这只，还是先宰那只。”

托马斯·潘恩是“美国大革命时期的哲学家”，他的思想对让-雅克·卢梭等人有巨大影响。

人类木偶

叔本华的观点虽然悲观，但合乎情理：人类的自由很大程度上是靠想象——事实上，我们不过是提线木偶。

作为木偶，我们的行为大部分是由潜在的基因驱使所决定的，在不可计数的生物进化过程中发展而来。正是叔本华发现了“自私基因”，而非现代评论员理查德·道金斯。多数人追求快乐的脚步过大，以至于不经意间超越了快乐。

丹麦哲学家索伦·克尔凯郭尔又是怎样的人呢？从表面上看，他也是悲观主义者。在他撰写的睿智又深奥，或者说令人疑惑的书中，这样写道：

“大多数人追求快乐太注重速度，没有意识到自己已经跨越快乐了。他们就像是看守被绑架在城堡里的公主的矮人一样，某天中午打了个盹，醒来后发现公主不见了。于是，他飞快地穿上一步可迈过21英里的靴子，但一步就已经远远超过公主了。”

当克尔凯郭尔谈论通过饮酒来寻求快乐时，他的观点再清楚不过了，但饮酒丝毫不能使他受到鼓舞而变得快乐，因为一丁点儿酒也会使他悲伤。

“我的灵魂迟钝且懈怠，我把欲望之刺戳向它……如果我想要些什么，不希望是财富或权力，而是可能的激情……欢娱是令人失望的，可能性却不会。”

三位哲学家的深度及敏锐，使他们的著作在几个世纪以来影响深远。我们来近距离看一下卢梭，这位被误解最深的思想者。

卢梭38岁时才突然觉醒，比许多哲学

克尔凯郭尔用饮酒来阐明快乐与悲伤的哲学观点。

家晚很多。卢梭看到了第戎科学院的一则有奖征文，题目是《论科学与艺术是否败坏或增进道德》。思想风暴向他袭来，卢梭飞快地记录下来。科学、文学和艺术都是“坏”东西，是腐蚀道德的物质。这些东西在文化上的确是做出过贡献，但由于人类难以满足的欲望，过一段时间后只能带来冲突、奴役和征服。每种知识都有原罪：几何来自贪婪，物理源于虚荣与空虚的好奇心，天文学源于迷信。伦理学本身就是骄傲的根源。科学也远不是什么救世主，一直在毁灭这个世界。这些学科带来的发现和发明都只是幻象，它们的传播甚至会使人们远离健康、朴素与先前的和谐生活。

卢梭卖掉手表，声称自己不需要知道时间。

这篇文章仿佛为当时无休无止的讨论带来了一股清流，让人惊奇的是，它最终还得了奖。卢梭从默默无闻一跃成为名人，而他也开始采取一种新的行为模式，以更加贴合他在论文中的观点。他开始喜欢徒步和在乡村静思，摒弃一切先进的科技产品。他甚至还把自己的手表卖掉，声称自己不再需要知道时间。

瑞士日内瓦的让-雅克·卢梭雕像，日内瓦是他的出生地。

邪恶的制度

卢梭还写过一篇同样受到好评的论文《论人类不平等的起源与基础》，但没有获得任何奖项，尽管其中的每个观点都能引起争议。

卢梭反社会制度的观点不受天主教会欢迎。

在论文中，卢梭解释“人在本质上都是好的，只是社会制度使人变坏”。该观点肯定不能指望得到具有无上权力的教会认可，教会里的人都是信仰天主教和新教的（这也注定他不会得到认可）。在《论人类不平等的起源与基础》中，他像托马斯·霍布斯一样运用理想的“自然状态”来提出“自然法”，认为只有在这个基础上才能建立自己的秩序。卢梭也提出人在本质上是平等的，只是由于健康、智力、力量等因素才变得不同，其观点依然和霍布斯一样。那么，如何解释个体在社会中表现不一样呢？

答案是：

“生活极度不公，一些人过于

懒惰，另一些人又过度劳累。安逸会刺激我们的感官，满足我们的欲望。富人吃过于精细的食物，会由于消化不良而产生炎症及其他难受的症状；而穷人经常吃糟糕的食物，一旦有机会遇到大餐就会忍不住暴饮暴食；多少夜晚，发生各种无节制的行为，过度传递激情、疲乏及枯竭的思想。每个阶层都忍受着无穷无尽的痛苦及焦虑，人类的灵魂受尽折磨……”

人类不平等的起源，是私有财产制度。简言之，正如卢梭所说，“第一个人圈了一块地，说‘这是我的’。在发现别人很容易相信后，这个人就成了真正的文明社会的创始人”。

马克思借鉴了卢梭的社会理念，他在《共产党宣言》中引用了卢梭在《社会契约论》中的一句话：“人生而自由，却无往不在枷锁之中。”

卢梭认为，所有社会问题，包括贫穷，都是私有制的产物。

还好，卢梭说，个人的社会地位和拥有的资产，并不能决定一个人的价值，而是由他们身上的闪光点——作为“自然人”的不朽灵魂——决定的。这真是思想上的哥白尼大革命！

在《社会契约论》和《论人类不平等的起源和基础》这两本书中，卢梭提出处于自然状态中的人以一种平和而满足的感觉生活，这才是真正意义上的自由。卢梭带有讽刺性地描绘了富人提出的社会契约，其实只是通过假装关心穷人来保护自己的私有财产。

让-雅克·卢梭《论人类不平等的起源和基础》。

富人们呼吁团结一致，保护弱者不受压迫，确保每个人的财产安全，创建适合所有人的公正、和平的制度。然而，穷人什么也没有，只有自由，而他们宁可不要，因为自由无法果腹。这似乎看起来很可笑，因为富人却可以从自由中得到很多东西。

卢梭认为，他的公民法相比一些哲学家认定的普遍社会契约，更令人信服。

卢梭的观点在一个世纪之后遭到尼采的斥责。在尼采1887年秋天的笔记中，满篇尽是他对废除奴隶制和应该“平等”待人宣传的惋惜。尼采还提出了他对卢梭及其自然人观点的驳斥。他反驳

卢梭经常去的威尼斯弗洛里安咖啡馆，这也是歌德、卡萨诺瓦、拜伦、普鲁斯特与狄更斯等人常去的地方，尽管他们不是同一个时代的人。

说："这是哲学的产生，而不是对贵族文化的憎恨。"

在卢梭看来，只有一种方法能够解决冲突，唯一的方法便是人们独立自主且有唯一的共同利益，确保所有"公民运动的核心"都是为提升共同利益而努力，对任何人来说都一样。人民是高于一切的。

卢梭去世于1778年，与对手批评家伏尔泰死于同一年。有人说卢梭可能是自杀的，他确实是在极度孤独和悲伤中死去的。歌德很有洞见地评论：伏尔泰时代结束了，对于卢梭，却是一个新时代的开始。

"普遍意志"，这个卢梭使用的词，指的是每个人的愿望集合，指向共同利益。这与"共识"是完全不一样的，共识

法国巴黎先贤祠中的卢梭纪念碑

只是反对个人自私的愿望和需要。

卢梭对普遍意志的本质描述是“每个个体将个人意愿放于普遍意志的最高指导之下，形成的我们共同容纳的共同意愿，我们接收每个成员就像接收整体的一部分”。

卢梭的社会契约观点还包含义务因素，这就是“残存的那条锁链”。人民有责任服从“普遍意志”，即最高统治者。然而，在卢梭的社会观中，最高统治者并不是指个人或团体，而是所有人共同采纳的观点。

卢梭建议人们放弃消极的个性自由，不应该被欲望驱使随波逐流；应该追求更加积极的自由，并通过选择跟随普遍意志来获得。

卢梭主张个人选择应该遵从大众意愿，而非个人欲望。

社会阴暗面

卢梭是在以乐观主义视角看待人性的前提下建立的哲学体系，而叔本华则是在悲观主义思想指引下提出自己的观点。

不来梅城墙公园里的亚瑟·叔本华纪念碑

叔本华是一位被严重低估的思想家，“伟大哲学家”行列里通常见不到他的名字，有时甚至被排除在伟大的德国哲学家之外。毋庸置疑，他对心理学理论先驱西格蒙德·弗洛伊德、哲学家弗里德里希·尼采和路德维希·维特根斯坦等都产生了影响。

他经常激烈地抨击学术哲学，例如：

“政府将哲学作为服务本国利益的方式，学者将哲学作为买卖。”

对叔本华来说，哲学教授就像令人厌恶的黑格尔一样。他这样描述黑格尔（包括其他一些不好的称谓）：

“一个长着扁平脑袋，索然乏味

的，令人厌恶的文盲骗子，在其胡乱写作的文章中胆大妄为到了极点。他疯狂地令人迷惑不解地胡说八道。”

叔本华还称普鲁士君主雇用黑格尔给“一群被愚弄的观众”上演欺诈的把戏，不仅把自己置于大多数同行的对立面，也不把自己当作合格的哲学家。叔本华只看得上一位学术性哲学家，这就是康德，但认为康德的继承者基本上错误理解了他的观点。

叔本华同意康德的观点，即表面现象背后隐藏着基本现实，这也是东方哲学的核心思想。

康德坚称人们对这个深层次现实（即本体世界）一无所知，而叔本华提供了一种认知方法。

“可以说，正是一条地下通道和一个秘密联盟（好像具有背叛性），突然让我们置身在一个要塞里，从外面无法进攻夺取。”

——《作为意志和表象的世界》

人们一旦认识到内在自我和意识是这个世界的另一部分，这条通往发现的秘密通道就被开启了。主观的“我”与现象世界相互作用，继而显示其存在，而本身却保持神秘性。叔本华认为，这再一次和东方神秘主义哲学契合，即意识实际是一种宇宙力量，而非个人特质。他认为动物，甚至物体都有意识。

叔本华认为在世界表象之后隐藏着一条秘密通道。

人们认为叔本华沉溺女色，曾经用一串葡萄向年轻少女求爱。

叔本华还提出我们仅能够将周围的东西概念化，如一棵树或一串诱人的葡萄……或很有吸引力的年轻女孩（他是一个沉溺女色的人）。无论什么，我们都可以将其置于时空框架之中。但是，康德认为，时间和空间都是人类的构想，是现象世界的一部分，不属于潜在现实。

叔本华也指出，如果将时间和空间都除去，任何特定物体都不复存在。本体世界无论是什么，包括什么，从字面上讲都是“虚无”的，因为没有内容。其实，不是什么都没有，而是无法区分。

在现象世界里，事物都有因果，而在本体世界里没有。康德似乎已经提出潜在现实并没有产生经验，而是主观意识提供了通往本体世界的入口。正如笛卡儿的直觉感知，思想意识与感观知觉是有区别的，但思想意识有其特殊性，它表现出来的是一种生命力量——意志。叔本华并没有把“意志”这个普遍奋斗的产物，建立在哲学根基之上。意志驱使世间万物，并促使积极的成就和行为产生，但同时也是痛苦之源。

叔本华对此采取了折中方式，一旦在现实世界中有了斗争，就通过静思来平息这种意志。他推荐听音乐和欣赏艺术，而神秘主义者首推的是冥想。

既然如此，有人可能会产生疑问：叔

在叔本华的本体世界里，人类行为不再像在现象世界里那样产生可预见的影响。

本华曾经将一个老太太从楼梯上推下去是不是真的？对法律界人士来说，这个问题确实很有趣，这就是“马尔凯事件”。叔本华看起来确实脾气不好，这使他偶尔会做一些令人厌恶（或草率）的事情，而仅仅是为了说明其哲学理论。

历史记录，叔本华一天回到家，看到三个（他认为是）令人讨厌的低阶层老妇

叔本华推荐以音乐作为平息“奋斗意志”的方式。

叔本华将一位老妇人从楼梯上推下去，被判有罪。

人在他的房门外聒噪，就用力推了其中一个叫卡洛琳·路易斯·马尔凯的女裁缝（她租了这套房子的另一个房间），导致其摔下楼梯。

这对叔本华来说非常糟糕。令人费解的是，马尔凯不同意只是获得损害赔偿金，宣称叔本华还对他拳脚相加。叔本华试图向法庭说明事情发生的真相（他承认用的力气有些大），自己的行为是合理的。

法院驳回了该案。后来，马尔凯提出上诉，反对先前的判决。叔本华拒绝为自己辩护，于是被判有罪，并处以罚款。

叔本华小时候看的《格林童话》中的一幅插图

“骗子”教授

叔本华的案子，说明他的思想有时像提线木偶一样被非理性冲动以一种奇怪方式操控。

叔本华的观点丰富多彩、新颖独特，他的生活背景也不一般。他出生在波兰，是富商海因里希·弗洛里斯·叔本华和上流社会成功作家约翰娜·特罗西纳的儿子。海因里希是亲英派，给儿子取名亚瑟，希望这个英文名能够帮助其进入商界。他的亲英派表现包括订阅伦敦《泰晤士报》，送年轻的儿子去伦敦留学，但最终计划泡汤，因为叔本华痛恨那所学校。

17岁时，叔本华住在汉堡，父亲就在这个时期投河自尽，显然是因为财务问题。叔本华悲痛欲绝，将这一切怪罪于母亲，而这种愤恨与日俱增。在丈夫死后，叔本华的母亲却不断取得成功，获得了全国性声望。

在母亲的引荐下，叔本华结识了当时很多著名的德国作家，包括歌德、施莱格尔和格林兄弟，同时开始了解写作艺术。叔本华在柏林大学首次接触到主流哲学，可他并不是很喜欢。

教过叔本华的其中一名教授就是著名的约翰·费希特（1762—1814）。叔本华遇到他时就觉得这个人是骗子。在最后一本书《附录和补遗》（1851）中，他写道：

“我认为费希特、谢林与黑格尔都不是哲学家，因为他们缺少哲学家的基本素质，即对他人认真诚实。他们只想成为博学的人，而不是真正的哲学家。他们追求的不是真理，而是自己的兴趣和进步。”

在叔本华看来，东方哲学家对现实的洞见要高于同时代的欧洲哲学家。他的书房里有康德的半身像、几张小狗的像，在大理石台上还放着一尊金佛像。而他的图书馆里还有130多套东方哲学书籍，包括神圣的印度教经典文献。

叔本华是为数不多的能够平等对待东西方文献的哲学家之一。受到东方思想家的启发，他自视为形而上学的解密者，偶

约翰·费希特是叔本华的老师。

然发现了洞悉宇宙秘密的钥匙。在《论生存的虚无》中，他解释：

“这种虚无表现在事物的存在方式中，既表现在时间与空间的无限本质之中，又表现在个体存在的有限本质中。它既表现在仅作为实际存在方式的稍纵即逝的瞬间，又表现在物与物的相互依存与联系里。它既表现在事物变与不变的连续性与相对性中，也表现在时常得不到满足的欲望里，还表现在生命不息和奋斗不止中。

“时间与一切因时间而存在的事物，皆在时间这一简单点形式下，呈现出良好的生长态势，表现出永不磨灭与生生不息。时间又使我们手中的一切事物变得虚无，失去事物原本真正的价值。”

叔本华的书房里有一尊金佛像。

在《作为意志和表象的世界》一书中，叔本华以非学术形式，以带有讽刺的贵族口吻写出主观性是通往认知宇宙大门的钥匙。

欲望、本能和“意志”是最根本的力量。从出生到死亡，人类所有行为目标似乎就是为了繁衍后代，周而复始，生生不息。

意志背后空无一物，没有规划，没有原因，没有目的。它超越时空之外，创造了规律和表象。它很重要，能够提前觉察一些事情，决定我们的思想，主宰所有的行动。它甚至推动演化进程，当然与达尔文的进化论讲的不太一样。动物以外在形式来反映内在态度，如胆小的兔子一般长

叔本华对东方哲学评价很高。

着又大又长的耳朵，时刻探知有什么风吹草动，以躲避危险。而残忍的老鹰，一心想着将其他动物撕裂，长着可怕的喙和尖利的爪子。

意志也是无理性的；它创造了理智，却不受其约束。意志的生活与繁殖方式都不合情理，不遵守规则，也不接受逻辑制约。为证明这一点，叔本华使用了可怕的澳大利亚蚂蚁被砍头的例子。被砍头的蚂蚁变成了两部分奇怪的战斗机器。蚂蚁的头部死死咬住胸部，企图加速另一半身体的死亡。

兔子的胆小决定它长了一对长耳朵。

《作为意志和表象的世界》第二版被公众理解，但叔本华当时的名气也仅仅因为他是著名的约翰娜·叔本华的儿子。但是，叔本华也有了自己的追随者，虽然开始只有很少人，但也算比较出名了。

叔本华使用一只被砍头的蚂蚁的例子来证明意志生存的不合理性。

显赫地位

叔本华的名气在伊丽莎白·奈伊制作他的半身像后得以确立。1853年4月，《威斯敏斯特评论》的几篇文章提到一位新作家和思想家的诞生，其中一篇文章的标题为“德国哲学家中的特立独行者”。

伟大的作曲家理查德·瓦格纳送给叔本华自己创作的歌剧《尼伯龙根的指环》，并题词“致以崇高的敬意和感激”。

伴随着成功，叔本华开始享受贵族生活，采取“伟大的思想家”应有的自我意识休闲生活。他追随康德，穿复古衣装，一日三餐严格定时，和挚爱的卷毛狗每日散步。他给狗起名为阿特玛（源于印度教中的生命力量或灵魂）。

作曲家理查德·瓦格纳是叔本华的书迷。

他寻求成为学者中的隐士典范，满足于整天在图书馆安静地研究，偶尔去剧院或公共图书馆休闲一下。一次，有人问他为什么一开始就放弃父母为他安排好的商业生涯，叔本华回复：“生命是个难题，我决定花一生时间去探索。”

如果谈到欲望和自我，就不得不提到叔本华确实想协调好做隐士期间的各种关系。叔本华有一个私生子。在这一点上，他遵从哲学传统，无视这个孩子的存在，使其因疏于照顾而夭折，而且无论如何不

叔本华有过几段与异性的亲密关系，但他对婚姻一直持悲观态度。

和孩子的妈妈结婚。

在他的著作中，叔本华讥讽婚姻是一场债务，年轻时签订负债合约，年长时偿还。但是，并非所有他认为的真正哲学家都是独身主义者，如笛卡儿、莱布尼茨、马勒伯朗士、斯宾诺莎和康德。

终其一生，几乎绝大部分时间没有人对叔本华感兴趣，更别说他的生存哲学了。事实上，他的第一本书印数不多，乏人问津，在16年后印刷更像是在浪费纸张，出版商警告不再印刷了。

叔本华得到的唯一安慰是姐姐写信告诉他，歌德“非常开心地收到书，立即打开厚厚的书看了起来”。

德国作家约翰·沃尔夫冈·冯·歌德是叔本华的偶像。

即使这样，《作为意志和表象的世界》第一版只卖了几百本，叔本华脾气暴躁地给第二版写了愤愤不平却华而不实的序言，称这本书不是为同时代的人写的，不是为同胞写的，而是为人类写的。这本书对人类是有价值的，即使很晚才会被发现。

多年以后，弗里德里希·尼采在一家二手书店发现一本《作为意志和表象的世界》，一拿起来就爱不释手，直到把它读完。西格蒙德·弗洛伊德研究的是叔本华的主要理论“生存意志”及“性冲动”，随后才提出“生命本能”和生命中的“力比多”理论。弗洛伊德虽然对叔本华的重要性轻描淡写，但对任何关注的人来说，二者相似之处显而易见。

由于叔本华的缘故，“自私基因”被专家和科学家推崇，尼采也在著作中重点采用“意志的力量”，个人欲望和选择的理念被打造成一种新型哲学——存在主义。

弗洛伊德受叔本华影响很大。

叔本华对比个体死亡，称“太阳在永不停息地燃烧自己”。

然而，即使是存在主义者，也并不认可叔本华的贡献。也许恰巧是因为叔本华在《作为意志和表象的世界》中写道：

“地球从早到晚运动，个体不断死亡，而太阳却永不停息地燃烧自己，创造永恒的正午。生命即生存意志，这种永无休止存在的形式，与个体及意志现象的起落无关，就像是一场飞逝的梦。”

“存在主义之父”的头衔落在了克尔凯郭尔头上。索伦·克尔凯郭尔是丹麦哲学家，1813年5月5日出生于哥本哈根。在“年轻唯美主义者的来信”（《恐惧与战栗》一部分，这本书是他的多层次作品之一），他回顾重要的一天：

“我用手去触摸存在，什么也感觉不到。

“我在哪里？世界究竟是什么东西？

“是谁引诱我来到这里，又离我而去？

“我是怎样来到世界上的？

“为什么不与我商量？”

这些问题都是很好的问题，也绝对是存在主义提出的问题。在作品中（像卢梭与叔本华一样），克尔凯郭尔明确向自古希腊时期以来的主流哲学提出了挑战，无论通过纯粹的理性，还是通过自然探索与科学来解释世界。他称这些方法都没有考虑到人类存在的现实，生命即需求、欲望与选择的过程。

宗教在为抉择提供答案的同时，也赋予生命更多的价值。然而，这既不是奥古斯丁和阿奎那提出的基于论据与证明的宗教（他们提出在辨识与选择活动中减少宗教影响），也不是与仪式及规章制度相联系的宗教，因为有并无个人宗教见解或信仰的人从中受益。

克尔凯郭尔提出宗教比传统哲学能够更好地解答人们的疑问。

黑暗的家庭教育

你若发现克尔凯郭尔的哲学兴趣，就不会奇怪他生于一个富裕的新教徒家庭，时常被教导服从《圣经》的指示。

克尔凯郭尔的父亲米迦勒·克尔凯郭尔总是喜欢在餐桌旁念叨耶稣与殉道者的受难，需要无条件服从上帝的旨意（这也在亚伯拉罕的故事中有所体现）。

这的确是一个可怕的故事，亚伯拉罕奉上帝之命，将自己的儿子而不是羊羔作为祭物！亚伯拉罕是一个虔诚的信徒，准备杀掉自己的儿子去献祭。幸好在

亚伯拉罕要杀儿子去祭祀上帝。

最后一刻，上帝传来意旨，让他住手。

克尔凯郭尔是摩拉维亚教会的成员，这个基督教派秉持两性欢愉是罪恶的观念，认为男人选择婚姻伴侣应该听天由命。尽管如此虔诚，克尔凯郭尔的父亲还是背负着巨大的罪孽。有正式记载显示，在他年轻作为牧羊人时，曾经诅咒过上帝。

另外，克尔凯郭尔的父亲曾经为金钱与一名女子结婚。两年之后，对方就撒手人寰，这使他悔恨不已。那时他和女仆有了一个非婚生子，这个女仆就是克尔凯郭尔的母亲。无论如何，他的宗教热情逐年递增，试图用信仰来抵消自己的罪恶。

克尔凯郭尔的父亲认为整个家庭会在他34岁之前遭遇灾难，而这个年龄也是耶稣受难的年龄。克尔凯郭尔用崇敬和恐惧的笔触记录父亲刻骨铭心的死亡经历，有时提到父亲“精神失常”确实影响了家庭。

实际上，多年来，可怕的预言逐渐

年轻的克尔凯郭尔在学习。

变为事实。这个家庭的第一个孩子在12岁死于操场上的事故，克尔凯郭尔的姐姐马伦在25岁死于一种未知疾病。后来，另外两个女孩，尼克琳与佩特蕾亚，都死于分娩。尼尔斯试图逃往美国，最终还是在24岁客死他乡。事实上，克尔凯郭尔是唯一打破预言的孩子。

克尔凯郭尔在书中大篇幅讨论自己的父亲，却只字不提自己的母亲与姐姐们。除此之外，他也和父亲一样全心全意地与上帝同在。

在还是小男孩的时候，克尔凯郭尔就非常严肃。他生活于丹麦“黄金时代”，但和父亲一样，对社会变化持批评态度，认为严肃的价值观遭到弱化或背弃。

克尔凯郭尔认为，在哥本哈根建立娱乐公园体现了“新丹麦人”的肤浅。西洋景、蜡像馆或烟火，甚至人们在公园里娱乐都让他觉得轻浮，是漠视宗教的行为。在哥本哈根精英语法学校（也叫“公民道德学校”），他被称为“叉子”，因为他总喜欢在激烈辩论中将同学们置于无话可说的境地，然后揭露他们论证中的矛盾之处。

丹麦哥本哈根的克尔凯郭尔墓碑

克尔凯郭尔认为烟火和其他形式的娱乐活动都是漠视宗教的行为。

克尔凯郭尔追求奥尔森，和她订婚，之后又弃她而去。

文学领袖

后来，克尔凯郭尔不仅在辩论中胜出，还逐渐成为哥本哈根文学界的领军人物。

克尔凯郭尔全身心投入哥本哈根的文学界中。那时候，海贝尔是将黑格尔哲学引进丹麦的明星人物。也正是在此阶段，克尔凯郭尔和雷吉娜·奥尔森订婚。两人第一次见面时，她还是一个14岁的少女。

间接沟通

克尔凯郭尔认为，直接沟通具有欺骗性，仅与客观思维有关，而且并没有认识到主观的重要性。客观性剥夺了读者对自己观点的使用，而间接沟通却能够让读者用自己的思想形成个人意志。

他还写到，基督教要求对情感和内心世界进行关注，本质上还是主观意念。相比之下，假定的客观哲学构建，如黑格尔提出的“世界历史进程”，就比较冷酷无情。

在其著作中，克尔凯郭尔强调了主观性。他将自己的作品分成前言、序言、初探、插曲、后记、给读者的信，都是由匿名的部门、机构的匿名编辑来校勘，就是为了显示没有明显的权威性观点，促使读者自己去对内容做出评价。

自从用继承的遗产出版自己的书以后，克尔凯郭尔就以自己喜欢的方式去写作，也有足够的钱来享受舒适宽敞的六室城市套房。

索伦·克尔凯郭尔在丹麦哥本哈根的大房子

“婚姻是一场重要旅程，能够发现人类所承担的责任”，克尔凯郭尔在《人生道路诸阶段》中这样说。

克尔凯郭尔的写作主题大部分都是与雷吉娜的浪漫故事，但都持消极态度。在以笔名约翰尼斯写的《非此即彼》中，他曾经说：“让自己充满诗意地和一个女孩在一起是艺术，而让自己充满诗意地离开她则会产生杰出作品。”之后，在《非此即彼》最后一部分《诱惑者日记》中，他写道：“青春期时性欲的唤醒让欢愉不是依赖自身，这种快乐的满足建立在与另一个人的关系基础之上。性吸引虽然令人们兴奋欢喜，但可怕的责任也随之而来。焦虑就在这种着迷与恐惧的矛盾中来回摇摆。”

克尔凯郭尔的作品通过对细节的辩论考察两性关系的本质。

最终，雷吉娜不得不离开。克尔凯郭尔并不是绅士般地表示遗憾，宣布取消婚约，而是在公众场合羞辱她，希望她主动结束这段关系。事实上，他的确做到了，雷吉娜后来嫁给了一位有着单调的外交生涯的官员。在克尔凯郭尔的哲学书籍中，在描写两人关系的篇章中有对雷吉娜羞辱的内容，这也是《非此即彼》立即获得成功的原因。

即便如此，克尔凯郭尔从未在文学书籍中涉及这一话题。失意引导他关注非高雅人群，包括妓院中的人和酗酒者。在酗

丹麦作家兼诗人汉斯·克里斯蒂安·安徒生

酒者中还有当时著名的“童话故事”大师汉斯·克里斯蒂安·安徒生。克尔凯郭尔热衷于批评安徒生，他发表的小说作品《幸存者生活摘记》就是批判安徒生的。

克尔凯郭尔不喜欢被讥讽。有一本叫

《海盗》的讽刺周刊，将其描绘成一个在哥本哈根漫无目的地游荡，向人们不停述说的古怪人物，嘲讽“他的裤子太短了”。

这种嘲笑深深地伤害了克尔凯郭尔，他在日记中写道：“天才就像雷电，迎风而行，让人们恐惧，让空气清澈。”

今天的哥本哈根河畔的酒吧和饭店灯火辉煌，充满乐趣。在克尔凯郭尔那个年代可没有这么美的景致。

选择自己的命运

在《非此即彼》中，克尔凯郭尔提出新观点，我们进行选择的本质，是介于感观上的自我满足和无私地沉浸于对纯洁与美德的追求之间。这种追求在根本上也是基督徒做出的承诺。选择不能理性做出，它在本质上是“存在”的，这就是存在主义。

这是什么意思呢？存在主义者称这样会定义或创造人，人在做出选择之前是不存在的。所以人们也不能理性地评判其他人。克尔凯郭尔对雷吉娜采取的就是这样的方式，让其他人认为故意不断在公众面前羞辱一位年轻女性，为的是唤醒她取消婚约。但是，对克尔凯郭尔来说，他也创造了一个新的克尔凯郭尔。

克尔凯郭尔曾经很自负地写到，无论何时，我们都不能摒弃伦理道德，这种行为不符合社会正义，应当被“严格禁止”。他在另一本书《恐惧与战栗》中表示，蔑视公民美德，徘徊于疯狂边缘，也应该被禁止。

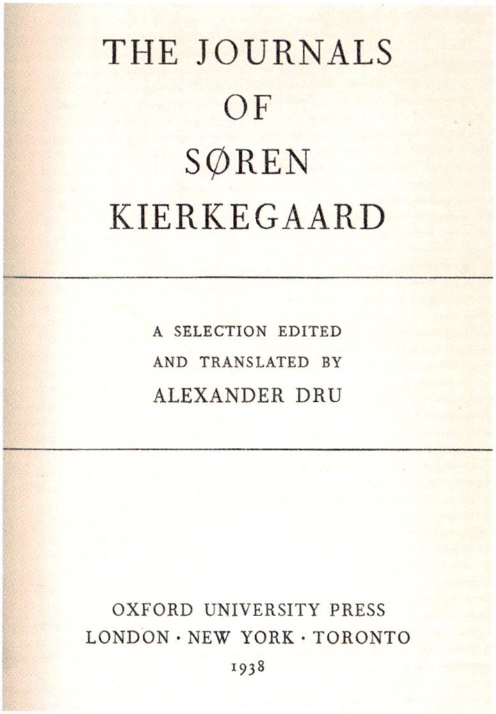
THE JOURNALS
OF
SØREN
KIERKEGAARD

A SELECTION EDITED
AND TRANSLATED BY
ALEXANDER DRU

OXFORD UNIVERSITY PRESS
LONDON · NEW YORK · TORONTO
1938

《克尔凯郭尔日记选集》扉页

CHAPTER 9

第九章

语言、真理和逻辑

LANGUAGE, TRUTH AND LOGIC

“我确实认为语言是人类最好的镜子，并且……就理解过程而言，对语句的精确分析会比其他方式更好地让人们认知。”

——莱布尼茨《新散文》

德国哲学家、博学家和数学家戈特弗里德·莱布尼茨

美国纽约圣公会教堂里的圣奥古斯丁彩色玻璃窗格像

词语和意义

2000多年以来，欧洲思想家认为语言是思维的产物，并认为思维依赖逻辑规则或推理。

他们还认为，每个人，不管使用何种语言，这些规则都是相通的。

公元4世纪，奥古斯丁总结出一个观点，后来成为哲学正统观点：

“语言中以单个词语来命名物体，句子则是由这些单个词语连接而成的。所以，我们便发现如下观点的思想根源：每个词都有意义。这个意义与词语密切相关。这就是这个词语所代表的事物。”

多年来，正是笛卡儿、莱布尼茨、罗素和弗雷格这样具有数学头脑的哲学家，为哲学发展做出了不可忽视的贡献。

这里提到贡献，主要是指这些哲学家的数量和他们想法的创意及价值是不成正比的。实际上，伯特兰·罗素和戈特洛布·弗雷格都秉持逻辑超越数学的观点，他们曾经试图减少一定数量的逻辑理论，但都没有做到。

年轻时的伯特兰·罗素

这里以英国哲学家、逻辑学家、散文家和社会评论家伯特兰·罗素为例。在职业生涯中，他花了大部分时间努力将语言置于“逻辑基础”之上。罗素的第一部重要著作《论指称》发表在1905年的哲学期刊《思想》上，主要介绍语言运行方式。

其中罗素描绘出一种对语言的新观点，更加合乎情理，简单而富有逻辑。诸如“女孩”“房子”“管弦乐队”“独角兽”这样的词，在其前面加上“一些”（some）、“无”（no），“一个”（a）和“每一个”（every）这样的“量词”，就变成指称短语。罗素建议将量词去掉，因为它们确实没有任何实际意义。

量词理所当然代表一定数量，解释起来却非常复杂。在说“独角兽有一只角”时，并不是真的指独角兽有角，而且只有一只角。罗素认为，我们所说的一切事物都包含某种观念（或观念组合），而我们可以通过感知立即获得对某种观念的认知。后来，他将这种方法定义为，所有“被感知的事物”都可以理解成大量简单的感知对象的叠加。

罗素降低了“颜色”“气味”“坚硬”“粗糙”这类词的功效，认为它们没有什么大的用处。

他还称人们是通过“对熟悉事物的认知”得到“感觉数据”，或者“通过别人的描述来认知”。几乎没有什么事物是能够直接认知的，甚至我们自己的存在也局限于“意愿”“相信”和“愿望”等意识之中。举个好笑的例子，罗素认为“山”也是不能直接认知的，因此不得不限定在谈论感知上，我们先要创建对山的“假设”：罗素的房子被一些又高大又坚硬的物体围绕，这个物体的顶上被雪覆盖。

罗素唯一承认的是，与科学实践有关的假设。例如，即使我们没有亲眼看到，它依然存在，以及今天被认定的真理明天依然正确，至少具有普遍性。

经典语言哲学的研究方法是在语言网络上建立结构。名词（名字）产生身份概念，这个概念即西方哲学的核心。

古希腊哲学家，就像柏拉图对话中提

我们可以说独角兽有一只角，但不能证明它存在。

哲学面对的问题是如何找到正确的词语

对哲学家来说，语言面临的另一个问题是数字。罗素对数字重新进行定义，认为数字只是形容词。例如，两只狗是一些狗的另一种表达方式，只是说明数量是两只。

诸如我的双耳、你的双手、罗素的两位前妻，都是如此。事实上，每组事物都具有这种二元性质。但是，罗素的后两个妻子（他有四次婚姻）应该如何解释呢？很明显，另一组也是两个。那么“罗素的妻子”有四个成员，这是属于一个集合里的两个事物吗？这包含两个妻子的两个组合。这种语言哲学确实很复杂。

同样，正如罗素在《心的分析》中提出的，像“雪是冰冻了的水”这样的简单句子也需要澄清。“是”是哪种类型的动词（两个“是”并列）？这个“是”与表示事物存在的“是”相同吗？这里的“是”是“等于”的意思吗？这个“是”是在描述雪的性质吗？它究竟是以上哪个“是”的意思呢？

两只狗还是一些狗？

“美”这个词能够用于形容很多不同的事物，既有自然美，也有人造美。

到的那样，沉迷于分析研究诸如“椅子”或“美”这样的名词可以用于指代多种事物，而这些事物的属性可能只有一部分与它们适合。亚里士多德更在意给使用的短语制定规则，尤其是把这些词组织起来表达世界的真相。

思维法则

亚里士多德的“思维法则”，在他和现在的很多人看来，完全是理所当然的。他严谨地表示：

A等于A——同一律

A不等于非A——矛盾律

A等于A或非A，不能同时等于A和非A。

事实上，在亚里士多德之前，这样的法则就已经成形，其中包括亚里士多德总结的前苏格拉底时期哲学家，尤其是著名哲学家巴门尼德的观点。巴门尼德在公元前5世纪，构想了第二条法则：“那些不存在的东西会阻碍你的思维，但永远不会占据上风。”

古希腊哲学家赫拉克利特认为，将一切事物看成在不断变化，这是认识宇宙的一把钥匙。

不能说一件东西既是“白的”又是“非白的”，这已经没有什么争议，而当时巴门尼德的法则代表了打破常规的激进思想。

那时，人们看待自然如同一股动量流，随着一定规律变化，成为对立面。这种看法一直占据主导地位。赫拉克利特认为，既然事物变化了，就会包含曾经没有的东西。只有形成这种对立，才能被称为变化。

赫拉克利特的观点在古代中国文本和

美国梅萨维德国家公园岩画中的螺旋形，可能代表一个叫锡帕普（Sipapu）的地方，霍皮人认为那里是他们的起源地。

北美印第安霍皮人那里可以找到共鸣，霍皮人曾经说："冷变暖，暖变冷，湿变干，干变湿。"路德维希·维特根斯坦（罗素的学生，两人彼此不喜欢对方），开始赞同罗素在语言上的观点，这也是存在已久的传统观点，但他后来认为语言要复杂得多。

维特根斯坦的第二本书《哲学研究》，主要收录了他在讲课时提及的趣闻逸事，摒弃了早期作品《逻辑哲学论》中

东方人的观念

有关词语和语言体现真实事物的哲学思索可能最早源于东方，而不是西方。

大约在公元前380年，中国诸子百家中的名家学派就开始探索词语与世界的关系。而在印度，波你尼写于大约公元前350年的梵语语法书籍，使用专业性很强的语言，对语法、词形和词汇进行研究，与今天的语言学研究方法类似。

波你尼的作品被称为《波你尼经》或《八章经》，包含3959条规则，分成八章，每章又分为四个部分。

这项重要的工作在400年后被钵颠阇利的《大疏》（对《八章经》的注释，被认为有多位作者）追随，书中也讨论了意义的本质。

9世纪柬埔寨印度教寺庙里的梵文铭文

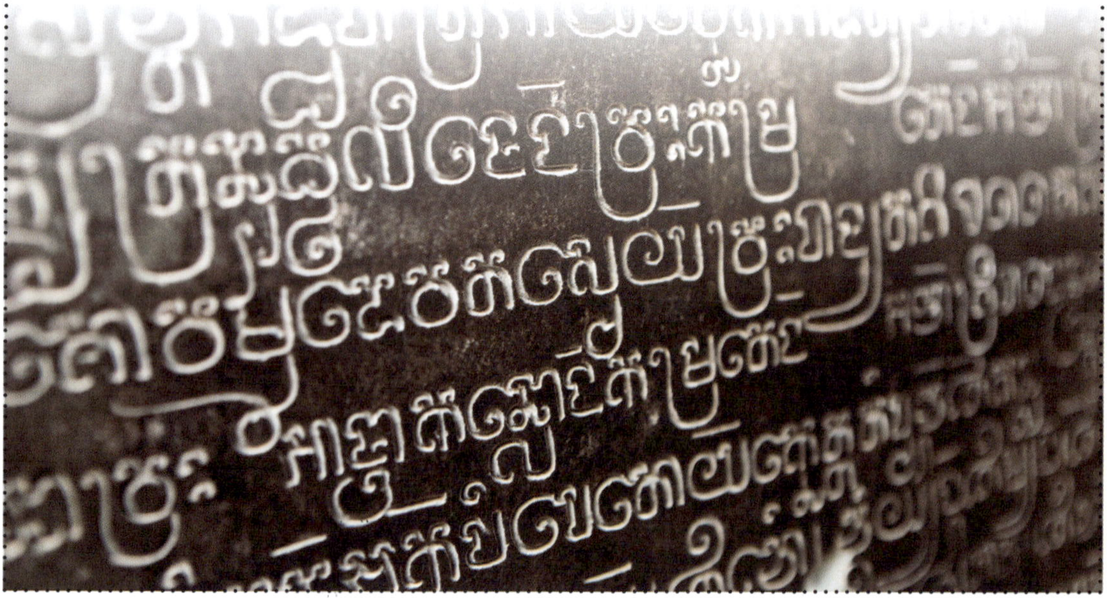

的大部分传统观点。他的第一本书有一系列关于伪几何证明的内容，第二本书则讨论了语义学、逻辑学、数学哲学、心理学和心灵哲学等领域的大部分问题。

维特根斯坦用更加成熟的方式看待问题，认为多数哲学问题源于对语言本质的过分执着，那样做会过于狭隘，不能用词语来解释事物的多样性。

维特根斯坦有些极端，甚至有点疯狂，让周围的人因敬畏而缄默不语。与苏格拉底式对话不同，维特根斯坦发言时，其他人在记笔记。

与苏格拉底不同，维特根斯坦不喜欢对话形式，更愿意进行演讲。

维特根斯坦表示，找寻一朵花与想象一朵花是在玩两种不同的语言游戏。

赤裸裸的事实

维特根斯坦一开始就提出惊人的观点，称世界是“事实”总体。一系列“简单成分”或“客体”，也叫对象，是实体最基本的组成部分。

“对象构成世界的实体，所以它们不可能是合成的。世界的实体只能决定一种形式，不能决定所有物质的特性……换句话说，对象本身是不具有色彩的……对象是不可改变并独立存在的，而它们的构造却不稳定，处于不断变化之中。”

《逻辑哲学论》后来成为维特根斯坦的博士学位论文，却没有提供任何参考书目或资料来源。如果不是《逻辑哲学论》醒目地放置了一定数量的论断，我们也不用回溯那么远去看一个并没有什么不同的观点。

罗素和莱布尼茨都提出认知本质上就是分析实体组成的过程，并由此确保语言中的“意识的规定”。而这也是《逻辑哲学论》的课题。罗素的论据运用化学隐喻来谈及从“逻辑原子”中创建“分子命题”，而莱布尼茨则描述了“逻辑单子”可能的复杂构成。

维特根斯坦的《逻辑哲学论》认为语言刻画了事实图景，“命题显示了实体的逻辑形式”。罗素反对莱布尼茨式的“系统建立”，强调需要认定语言的“逻辑结构”，找出与“语法”方式不同的令人困惑的方式。

这基本上是“后维特根斯坦”的研究课题，“年轻冲动的维特根斯坦”在《逻辑哲学论》中认为至少在原则上应该建立一种新的逻辑严密的语言。

原子轨道模型

魏宁格称每个人都有两面性，即男性特质和女性特质，但男性特质更优越一些。

当然，这种新语言不能解决所有问题（引用《逻辑哲学论》的话），“对于不可言说的东西就保持沉默”。例如，奥托·魏宁格用诗来表达：

“康德独立而居，既不欢笑也不舞蹈；既不喊叫又无狂喜。对他而言，不用发出嘈杂之音，广阔的世界保持沉默。”

维特根斯坦唯一承认受其影响的人

奥托·魏宁格和维特根斯坦一样是奥地利人，他像维特根斯坦一样在很年轻时就出版了书籍，书名为《性与性格》。魏宁格在23岁时自杀，这本书开始畅销，被翻译成多国语言，前后有29个版本。维特根斯坦在剑桥时非常推崇这本书的英文版。

如果维特根斯坦的同事看了这本书，就能够了解魏宁格的观点，即人类的最高形式是冷静有逻辑的男性超级英雄，而男性同性恋者、感情用事的人和犹太人（这些人的特点从某种程度来说存在“女性化”一面）都是有缺陷的。

魏宁格宣称每个人都有男性特质和女性特质，但男性特质更优越一些。如果都是女性特质，人类则会降到动物水平——亚里士多德等人也提出过这个观点。

他还认为“人类只有在完全具有逻辑性时才能成为自己”。这本书还有名人推崇，包括阿道夫·希特勒，他称魏宁格是自己听说过的“唯一还算不错的犹太人”。

希特勒援引过魏宁格的很多观点。

语言游戏

维特根斯坦解释了为何哲学并不能解决生命中的大部分问题，并决定该理论一发表就退出哲学界，后来他做到了这一点。

但是，几年之后，他获得奖学金重返校园，之后又取得剑桥的教职。尽管他从未要求再次出版自己的作品，他的笔记、评论和讲义还是被收集发表。维特根斯坦将语言视为一系列相互联结的“语言游戏”，词语和句子具有很多不同的巧妙功能，如“行动”“象征”和“命令”。他说（这里引用索绪尔的观点），词语就如

维特根斯坦将语言与国际象棋进行比较。

象棋游戏需要规则，只有在游戏的情境（上下文中）中才能显出意义。

然而，维特根斯坦在很大程度上跟随了语言学家和符号学家的观点。费尔迪南·德·索绪尔（1857—1913），在那个时代一直在辩论这个问题，认为是语言结构而不是逻辑规则来解释我们所想所说的东西。

正是在19世纪，语言学开始形成独立的学科，这依然是受到索绪尔的影响。这位瑞士哲学家的核心观点是，语言是符号系统，本身具有任意性。

索绪尔认为，研究语言的正确方法不是以研究个人为基础，而是研究使用语言的整个群体。

在区分语言和语言功能时，索绪尔表示，语言很明显是一种“产物”，更确切地说是一种“社会产物”。

口语是发音器官的行为，它只是一个动作。但是，基础语言却是不同的人头脑中的活动（属于相同语言的群体），甚至人在睡觉时也有语言活动。

瑞士语言学家索绪尔

索绪尔认为语言与音乐有相似性。

索绪尔提出，每个头脑构成我们称作语言的整体产品。

“语言，独立于个体而存在，不能被个体创造，它本质上是社会的、集体的产物。”

——《普通语言学教程》第三版

（1910—1911）

结构主义者使用大量专业术语，他们的话不好理解，但中心思想很简单。他们认为是语言结构而不是逻辑规则来解释我们如何思想和说话。

索绪尔再次提出了一个旧观点，即区分语言结构的“语言”和语言表现的“言语”的不同。他用比喻方式进行说明，称语言好比一首乐曲的总谱，而言语就是对乐曲具有独特风格的演奏。

索绪尔认为，一个特殊符号在语言中的作用取决于它在这个系统中与其他符号的关系，也就是在结构中的位置。比如，英语中的元音发音要正确，它会有细微变化。“very”和“vary”，或“merry”和“Mary”，它们中的元音发音就有不同。在一个语言集体中，词的发音可能有所不同。有人把“Merry Christmas（圣诞快乐）”发成“Mary Christmas”，但绝不会对听者造成困扰。

另一个问题是有关索绪尔的观点“符号集合……本身就是符号”。这里的问题是：谁能说任何符号本身不是由更小的次一级符号组成的呢？

看起来，每个词和短语都有大量可能的用法和意义，受限于拥有相同文化和惯例的网络。

也许正是由于这样复杂的问题，结构主义者才更愿意研究假定的语法结构，而

不是语言使用的表面形式。与此相同，结构主义者将目标转移到其他社会学科上，也希望找到普遍规律。在英语文学系，重点被放在故事叙述上，而不会采用枯燥的陈旧内容和语言学模式。

索绪尔当然承认符号意义的任意性。重要的是，要看清规律背后深层次的东西，即其暗指的系统。俄罗斯心理学家利维·维果斯基（1896—1934）提出：

“语言结构不是思想结构的简单反映，不能像把衣服挂在架子上一样，把语言放在思想之上。语言不只是服务于思想

维果斯基认为，讲话包含思想重组的过程。

维果斯基认为，孩子们是通过语言来认知世界。

的表达。思想转化为语言的同时会进行重组，这样就是用词语方式来完成表达。正是因为这个活动过程的参照方向不同，内部语言和外部语言的发展才形成了真正的个体特征。”

维果斯基认为，孩子们通过语言和五感来认知世界。这也是本杰明·李·沃尔夫的主要观点。

沃尔夫把古希腊人比作美洲印第安人，这似乎有些牵强，但在哲学语言领域还是具有一定的意义。这位20世纪上半叶非常规的思想家在其著作中对此加以说明。

沃尔夫研究美洲土著人的语言。

不同看法

沃尔夫与研究语言学的学者们不太一样，他总是乐于打破语言研究常规。他有过保险调查员经历，因而对人们在概念和词语上犯的错误很感兴趣。后来，随着对印第安语的深入研究，他发现该语言在结构上与其他语言有本质的不同。这促使他认为，不应该让语言遵从逻辑规则，而应该意识到逻辑只是想要把西方语法规则化。而且，这么做只会产生错误的观点。语言和概念都不具有普遍性。

根据沃尔夫的理论，随着时间推移，语言结构逐渐形成。过去、现在和未来不是“在外面”，而是“在这里”，在我们的头脑中，确切说是在语法中。

沃尔夫指出了密码与谜题的神秘性，他在年轻时就涉猎广泛，阅读植物学、占星术、墨西哥历史、玛雅考古学和摄影等领域的书籍。

通过综合学习物理学、荣格共时性原则、系统理论和格式塔心理学说，他又开始转向人类学研究。这一切都是通过语言学来进行的研究，而他的这些出于兴趣的研究只能在闲暇时间来做。

沃尔夫认为其他语言传统更接近理解现实，因为它们将自己的宇宙只表现为两个方面：存在和形成。在“一维空间”中，以我们个人的觉知，对于短暂的宇宙这种理念不难接受，但当我们面对这样的话，如“当下时刻无限短暂，时间长河冲出虚无，形成了无底洞似的过去，而未来根本就不存在……”，我们就会茫茫然不知所措。

沃尔夫对墨西哥历史和玛雅考古学有着浓厚兴趣。

当然，对我们来说，将人局限在“语言的房子”里看起来很奇怪。“西方语言”一直被认为是静止的，倾向于形式，而霍皮人的语言却是动态的，更注重过程。两者最显著的不同是同一律问题，这也是亚里士多德法则需要解决的问题。

沃尔夫研究的霍皮人使用的陶壶

空油桶并不会让人们太在意。

生活中的语言洞察力

沃尔夫是哈特福德火灾保险公司的调查员和工程师。他在工作中遇到很多例子，后来认为是语言影响了思维模式。当他的语言学理论开始出现在很有影响的报刊文章中时，有一些是与防火相关的主题。

他写了很多文章，在其中一篇中提到，人们对于空汽油桶并不那么在意。空桶表示汽油是“空”的，但是，里面充“满”可燃气体，比液体汽油更易引起爆炸。他还观察到人们对于处理工业“废水”和“搅拌石灰石”疏忽大意，不知两者都是易燃的，充满危险。这也许是因为人们被“水”和“石头”两种物质传达的稳定性印象所迷惑。

20世纪20年代，沃尔夫仍然从事全职工作，他与当时美国的顶尖学者进行联系。从1931年开始，他师从爱德华·萨皮尔研究语言学（兼职），萨皮尔是社会语言新学科的领军人物。正是在此时，他尝试研究印第安霍皮人的语言结构，像诗一样的论文让他赢得了声誉。

语言相对论主旨

沃尔夫说：“我们依照用语言制定的规则来认识自然。我们找不到独立于现象世界之外的类别和类型，因为这些类别和类型可能就在我们面前紧盯着我们。相反，世界呈现出外在的千变万化，都是由我们自己的思维模式创建的，也就是说，在我们思维中有固定的语言系统。我们把世界的本质击碎，组建成各种概念，再总结出其重要性。这在很大程度上是因为我们要遵从一种协议，这种协议贯穿于我们使用的语言社群中，并形成我们自己的语言模式。”

沃尔夫还表示，这种协议“含蓄而未加说明”，但其条款具有强制性，必须服从其相关的组织分类，否则我们根本不能进行交流。

或许正是因为这一观点才使其关于美洲印第安人的研究进入美国学术界。如此看来，用科学语言表达比做出糟糕的假定强多了。

正如美国心理学教授约翰·卢茨所说，“一些持语言相对论的人，会威胁到理性探索”，他称沃尔夫危害到了寻求“客观事实”和“实体”的常规研究的合法性。

沃尔夫有关北美印第安人语言模式的突破性著作并没有引起学术界主流的重视。乔姆斯基认为他的作品“不成熟”，没有足够证据，缺少准确性。

代表主流的经院哲学家罗伯特·柯克明显持反对意见，称沃尔夫所说的不过是陈词滥调。

沃尔夫研究语言如何影响人们对世界的解释。

语言规则

或许沃尔夫有关语言本质的理论完全正确，而乔姆斯基认为，“他的正确猜想并没有建立在事实基础之上，也没有对英语结构进行正确的合理分析”。

美国哲学家和语言学家乔姆斯基相信语言规则与我们的大脑思考紧密相关。

乔姆斯基为自己有关语言学方面的著作进行辩护。

20世纪，乔姆斯基提出语言规则和我们紧密相关，指出语法是一种根植于人们头脑中的“深层结构”。这能够解释为何婴儿不用刻意接触大量例句便能很快学会说话，从无到有生成语言，这是通过人类共有的简单概念学会的。乔姆斯基以远见卓识备受赞誉，他的理论与现代理论“头脑如何工作”完全契合。

事实上，乔姆斯基认为的这种“深层结构”与柏拉图的观点非常相似，即所有人，就连美诺的奴隶男孩都知道天堂存在，而且不用记忆。

现代语言学家并不喜欢这种方式，他们更倾向于用生物化学来解释语言如

乔姆斯基和柏拉图一样，认为孩子的某些重要知识是与生俱来的，不是后天习得。

何形成。

斯蒂芬·平克这样的平民主义者称其为“无意中的滑稽”。平克是当代哲学家，在其著作《语言本能》中更倾向于将自己描述成一位认知科学家，他认为思想与语言本为一体就是传统谬误的典型。

平克引用了沃尔夫的汽油桶的例子。

沃尔夫称，工人将“空”这个词与金

平克辩称，眼睛能看见东西是对视觉刺激做出的自觉反应，而不受语言影响。

属汽油桶形象联系到一起，认为桶里是“空”的，里面什么也没有，实际上桶里充满了可燃物。

为重申语言世界的秩序，平克并没有坚持工人的错误在于油桶看起来是空的——这种错误认识是源于经验主义，而不是语言学范畴。

人们不能穿透汽油桶看到里面是空的，这种说法不能完全令人信服，而沃尔夫的观点完全不同。他指出工人在心里把桶归于“空”的一类，他们采用的是语言学模式的“空”，这使其认为这种容器是没有危害的。

相反，平克在提出关于内心活动的最新理念时，认为：

“眼睛细胞与神经元紧密连接，使神经元对（特定颜色）做出反应。对于生理学家来说，语言能够到达视网膜并重新与神经节细胞连接是荒谬可笑的，不管是多么有影响力的语言。”

平克的解释让意识这样的实体站不住脚了，认知科学家也不认可意识的存在，他们认为大脑不过是一台生物计算机。

“人脑中有三组神经元，一组代表个人，与命题有关（例如，苏格拉底、罗德·斯图尔特或《平克妙语录》），一组代表命题中的逻辑关系（例如，是、不是、可能是），一组代表个人属于人类特质的类型（例如，人、狗、鸡）。”

哲学家和科学家依旧在为大脑进行思考时产生怎样的身体活动而争论不休。

每个概念都和一个特定神经元连接，处理器将其他神经元联合起来共同工作，以确保这些神经元小组正常运行。平克称，这就是大脑活动的“计算机理论”。

思想理论总是呈现出阶段性反复，沃尔夫的语言相对论实际上并不是新理论。19世纪语言学奠基人威廉·冯·洪堡曾经提出没有语言就完全没有思想存在的可能。与此相同，语言决定了思想。沃尔夫也时常提及这个观点，并加以辩论。

事实上，沃尔夫的目的在于，通过加入一些20世纪早期的新物理学理念来提升旧的哲学理论。洪堡的理论此时正在获得新生，“相对论”几乎主导了整个物理学界，爱因斯坦本人还在一个广播节目中谈及洪堡的理论。沃尔夫的一篇论文后来被收集进《论语言、思维和现实》（1956）一书中，他在书中说：

“除欧几里得几何外，还有一些其他几何理论，能够对空间构形给出同样完美的描述和解释。既然如此，我们也能抛开熟悉的时间与空间的对立观念，用其他方式对宇宙做出同样有效的描述。现代物理学的相对论就是这样一种宇宙观，这是用数学术语进行构思的；霍皮人的世界观却截然不同，不以数学为基础，而以语言为基础……”

沃尔夫接着挑战牛顿的世界观——像柏拉图的“形式”一样永恒不变。这不仅让语言学家，也让哲学家感到震惊。

1921年，阿尔伯特·爱因斯坦在维也纳做演讲。

书面文字

20世纪末期，法国哲学家雅克·德里达重新审视了索绪尔对语言如何运作的描述，并试图对其进行“解构”。

在找出口语和书面语之间区别的过程中，结构主义之父索绪尔在不经意中列出了有关思考的很多特征，它们在形式上是主观的、物质的和相对的，而且在口语与书面语中应用同样多。但是，口语和书面语不同说明不了什么问题，这只不过是哲学上的幻想。

伴随对口语和书面语区别的成功解构而来的是灵肉合一（参见笛卡儿说法）的结束。头脑对事物的认知与感觉的认知之间产生碰撞，字面意思和隐藏意义、自然创造和人类文化创造、男子气概和女子气质等对立物产生碰撞……还有更多：

“所有二元论，所有有关灵魂或精神不朽的理论，以及所有一元论、唯心主

义、唯物主义、辩证法，都是形而上学的独特主题，而形而上学的整个历史又都是尽力抹去这些主题的痕迹。

“‘完全在场’附属的‘痕迹’在理念上得以体现，口语表达要优于书面形式，这种认为书面形式低下的想法应该进行改变。这些都是神学需要的形式，它们决定了考古学和来生论意义上的‘存在即在场，即基督再临’。生死没有区别，活着只是死亡的别名。以上帝的名义掌管生死，不过是历史的转喻。”

——《论文字学》

德里达辩称，如果语言不是处于巨大语言网络或实际生活及感知当中，就没有什么实在意义。所有一切皆是幻象，或者说是一种燃烧过后残留下来的“粉尘”。语言中还存在像“是”与“不是”的对立，以及“我”和“你”这样的词语，我们必须打破这种二元论建立的网络。

“关于‘差异性’的游戏只在合成和引用中有效，合成和引用在任何时刻和任何情况下都不允许元素单独出现，而且只和自身相关。无论在口语还是书面语中，没有一个元素不与其他元素发生联系就能够单独发挥作用。也就是说，元素本身不能单独简单地存在。

“这种交互作用就像‘织布’，一篇文章是另一篇文章转化而来的。无论元素之间还是系统之中，在任何地方都不存在简单在场或缺席。痕迹和延异无处不在。”

——《符号学与文字学》

但是，人们很难理解德里达到底在说什么。什么是先验事物呢？德里达本人喜欢提出问题，却拒绝进行解释。在各种场合，他都坚称，解构本身不是一种方式，也不是一种表现形式，而是一门学科中的某篇文章。事实上，他曾经在“写给一个日本朋友的信”中称，绝不可能说“解构是如此”，也不能说“解构不是如此”，因为“句子结构是如此”这样的结构本身就是错的。

有一点需要肯定，哲学家善于创造新术语，却拒绝接受他人对这个新术语做出的任何解释。德里达承认曾经受到德国哲学家海德格尔的影响。海德格尔一直致力于揭露西方文明和普遍“人性”的破灭，他有一个早期哲学课题，称为“Dekonstruktion”（解构）。为课题目标，海德格尔借鉴了很多其他人的观点。例如，他从另一位哲学家（埃德蒙·胡塞尔）那里引进的“超验现象学”。这个术语来自纳粹精神

病学杂志，据说这本杂志是纳粹德国空军元帅赫尔曼·戈林的表弟主编的。

说起海德格尔，不得不提及他曾经长期参与纳粹党的工作。不管怎样，海德格尔的研究还是值得关注，他强调并质疑了，在我们构想世界（在我们的思想和书写的文字中）时，时间担当的角色。

从海德格尔及其解构中得到启发，德里达也采用了“在场”（presence）这个词。海德格尔在谈及“存在”（being）这个概念时用到这个词，在谈到“存在”和“存在者”之间的差异（海德格尔称之为“存在论差异”）时也有所提及。德里达在《书写与差异》一书中把“差异”定义为“存在论差异的前奏”，也间接提到过这一观点。

看看德里达的著作，很少有原创作品，也许根本不值得用心去读。如果你对读他的书缺乏勇气，那就去看看这位伟大哲学家的电影传记吧，这部影片叫《德里达的故事》，2002年上映。这部影片把德里达描述成一个滑稽角色，就像“我们中的一员”。他的犹太人出身从他的早餐百吉饼中可以看出。他具有自我怀疑性格，总是担心自己的衣服颜色是否协调。

当摄影机随着他进入图书馆时，我们可以看到数以千计的书摆在书架

位于美国马萨诸塞州波士顿都市区剑桥的哈佛大学，1956—1957年，德里达曾经在这里学习。

百吉饼是哲学家的早餐。

上。记者问德里达：“这些书你都读过吗？”他回答：“没有，只看了其中四本，但我是很认真很认真地看的。”也许，我们也可以如此回答。当被问及是否读过德里达写的所有书时，我们可以回答：没有，只是看了几个篇章，但看得非常非常仔细。

CHAPTER 10

第十章

BEYOND SCIENCE: PHILOSOPHERS STILL SEARCHING FOR WISDOM

超越科学——哲学家仍在寻找智慧

“只有科学才能告诉我们世界是什么：它是真理的最终仲裁者。”

——W. V. O. 奎因

在许多人看来，最终揭示世界主要真相的是科学，而非哲学。

有最终真相吗

科学，而非哲学，是真理的最终仲裁者，这是美国当代哲学家W. V. O. 奎因所持观点。我们可以肯定的是，W. V. O. 奎因从未在科学领域涉足过。

位于伦敦红狮广场的英国哲学家伯特兰·罗素半身像

奎因完全不需要这样做，因为他的话准确地把握住了时代精神。在1952年《画报》（*Illustrated*）杂志约稿的一篇名为“有上帝吗？”的文章（并未出版）中，伯特兰·罗素为一个相近观点提供了鲜活的例子：

“如果我说在地球和火星之间，有一个瓷质茶壶也绕着太阳在椭圆形轨道上转，那么没有人能够拿出证据来反驳，进而，我又谨慎地补充说，茶壶太小了，使用最先进的望远镜也无法观测到。

“但是，如果继续这个话题，既然我的观点不能被反驳，那么人们就有理由去怀疑这个极端推测，我就会被认为是在胡说八道。

“然而，倘若这个茶壶在古籍中有过记载，并被当作真理每个礼拜天在教堂广泛传播，逐渐进入校园里孩子们的脑海，此时对于该观点持迟疑态度，将被视为古怪的标志。在启蒙时期，怀疑论者会受到精神科医生的关注，更早的时候或许就是被审讯。”

罗素和奎因反映的不过是一种保守观点，即“知识是如何运作的”，对稳定的进展采取一种舒服的假设，这一观点在奥古斯特·孔德（1798—1857）的作品中有所总结——如果你确实想知道他的全名，那么我可以告诉你，是伊西多尔·马里·奥古斯特·弗朗索瓦·格扎维埃·孔德。

孔德被称为“实证主义之父”，他将自己理解的宗教——他重新提出了宗教是为人类服务的观点——以及他所设计的

这是对“宇宙茶壶”理论的形象图释。

孔德认为，人类思维的发展经历了某些特定阶段，就像制造汽车一样。

社会蓝图，一并写入了《实证哲学教程》（1892）一书中。

在书中，孔德认为人类思想是稳步发展的，经历了三个阶段。这三个阶段从本质上讲都属于精神层面，但孔德仍然将之视为对人类历史的反射。神学阶段是三个阶段中的第一个阶段。在此阶段，人们开始探究“事物本质属性”，存在的根本原因被解释为神灵或者上帝。孔德认为，哲学家被禁锢在这个阶段，执着追求关于存在的问题。

好的方面是，孔德认为，在工业社会，许多人进入其所称的“形而上”阶段。这涉及抽象理论，虽然仍然有对潜在的道德价值的向往。

当人类把自己限定于从观察到的现象进行逻辑推论时，便达到了最后一个阶段，这就是所谓科学阶段（或者说实证阶段）。

“我们中间的每个人目前都是有意识的主体，倘若回顾自身成长，孩童时期可以说是空想家，青年时期是玄学家，成年后便是自然哲学家。”

无须困惑，这里说的“自然哲学家”并不是说一个人与生俱来就擅长哲学，而是研究自然的科学家。

埃米尔·杜尔凯姆（1858—1917）在孔德死后一年出生，他采用了不同的研究方法。他认同人类社会有某种程度的进化，将之视为以牺牲集体生活为代价，增强个人主义的一种趋势。

孔德认为，在最后阶段，人类思想只能来自直接的科学观察。

对这一现状的解释是，经济是驱动力——劳动分工需要社会分成不同部分，还有信仰和价值观的多样化。尽管如此，杜尔凯姆坚持认为，社会的存在必然会使人们产生一个共同的愿景，而这一愿景是由共同的道德价值观创造出来的。

集体生活

杜尔凯姆又回到了孔德的观点，认为“合作，远非产生社会，而是像序言一样，自然而然地存在”。

杜尔凯姆在人类社会与我们所说的像蜂群一样的动物种群之间，发现了重要的相似之处。“作为一个整体，蜂群的成员像抽纸一样具有连续性。”在这些种群中，单个个体持续不断地相互联系，使个体集合形成了社会。

杜尔凯姆认为，现实考量将人们聚到一起并形成社会：事实是，人们居住在同一岛屿，供奉同一祖先和神灵，传承相同的传统。

杜尔凯姆认为，人类社会和蜂群之间有许多相似之处。

根据韦伯的说法，工业革命在很大程度上是由新教伦理和信仰导致的。

他提醒人们，卢梭、霍布斯和其他功利主义者，都忽视了一个重要的社会事实，即社会先于个人。

“集体生活并非源自个体生活，但个体生活源自集体生活，而合作更是道德及社会生活的重要组成部分。”

马克斯·韦伯（1864—1920）和约翰·穆勒的观点，在某种程度上是一样的。即便约翰·穆勒曾经指责孔德试图在个人之上建立一个“专制”社会，韦伯依然决定继续研究孔德的课题，并对社会科学进行深入研究。韦伯和杜尔凯姆一样，利用统计观测方法来研究人类社会属性。韦伯和杜尔凯姆一样，声称发现了新教与天主教的重要区别，即对社会现实的不同见解。

韦伯在其久负盛名的《新教伦理与资本主义精神》一书中提出了自己的独特见解，他的观点是，欧洲工业革命与反传统天主教的宗教实践相联系，形成了支持新教的意识形态。他认为，这种意识形态更加强调努力工作的道德价值。

这种新思维方式的第二个优势在于，因被视为奖赏，物质财富和资产从某种意义上变得高尚，这也反映出上帝对个人努力的认可。

韦伯认为，新教为新的资本家的诞生提供了土壤。但是，“他们的财富是高尚的”，“他们没有义务提高工人的物质生活水平”，这种观念在当时的意识形态领

德国社会学家、哲学家、政治经济学家
马克斯·韦伯

域造成波动。

韦伯与杜尔凯姆对社会秩序优先于经济这一重要原则，达成了一致。尽管如此，韦伯未必支持该主张。在《现代资本主义起源》中，他表示，“东方在本质上受限于旧有形式，包括种姓和氏族架构，阻碍了经过深思熟虑的经济政策的发展”。一旦创建强大的政治管理体系，就好像英国议会制度下强大而专业的官僚阶层一样，资本主义便会进一步发展。

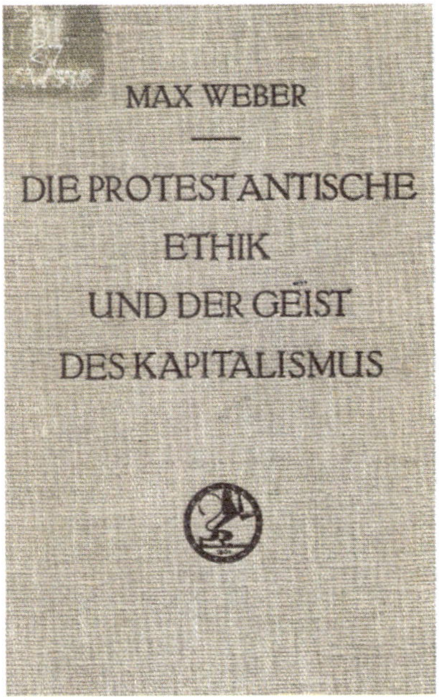

德语版《新教伦理与资本主义精神》

韦伯曾经被聘用为政府官员——在第一次世界大战期间，韦伯曾经在医院做管理人员。也许正是由于这段经历，他比其他学者对此类社会活动价值的看法更大度，因为其他学者在象牙塔中免受实际工作活动的影响。韦伯希望社会由遵守“价值中立”原则的官僚来管理。“价值中立”是指撇开“理性是好的”这一潜在假设。

韦伯认为，政府官僚的存在自然而然地推动了一种所谓“理性主义”的生活方式。根据规则，理性本身倾向于政府，而非单纯的权威。韦伯对俾斯麦领导下的全新的高度组织化的德国政府印象尤为深刻，其对个人自由的威胁使韦伯感到担忧。

对韦伯来说，和杜尔凯姆一样，只用原因和机制来解释社会和社会活动是不够的——必须有一个目的。他强调，这一目的通常是经济目的。

其他目的和传统是不可取的，因为它们阻碍了经济发展。同样，当行为受情绪和情感影响时，韦伯将之称为“情感行动”，这是理性决策的绊脚石。韦伯认为，社会应该由一个强大的权威管理。这个权威需要受到尊重，几乎应该受到崇拜。

孔德和韦伯二人属于逻辑充分，但缺乏感性的人。杜尔凯姆对社会趋势进行统计和验证，因而经常被人们提及，他使用完全不同的方式来描述社会形式，探索了神话和隐喻。

在这一领域，克洛德·列维-斯特劳斯对现代社会的本质进行了最有趣的考察，他将现代社会与早期的“原始”社会进行比较，得出了自相矛盾的结论。

例如，美洲土著人传统非常强调万物有灵，认为宇宙万物，从人类到人们喜欢的动物，都有精神存在，而不仅是我们通常想象的活物。

列维-斯特劳斯指出了一些常量，即所有社会都有常量，并以更加简单的社群作为揭示它们的最为明显的方式。例如，他说，按照弗洛伊德的观点，现代精神病学在整体上是试图处理“自然”与“社会”之间，以及个体与环境之间必然存在的对立。

类比和隐喻是思想结构的核心，（列维-斯特劳斯提出）梦想与预感需要被赋予与常规感觉同等的地位，这样心灵与现实才会相互作用。

法国人类学家克洛德·列维-斯特劳斯

这与前文提及的奎因和罗素的观点相去甚远。事实上，美国《科学》杂志记者约翰·霍根曾在一篇题为《为什么我认为科学正在终结》的演讲中说：

“我相信，科学家建构的这一现实图景，以及从宇宙大爆炸到现在的故事，基本属实。从现在开始，它将同今天一样继续存在一百年，甚至一千年。

“我也相信，科学走到今天，确实不易，考虑到进一步研究的局限性，科学将很难在已有知识上做出任何更进一步的补充。进一步研究也不会带来更多启示或者革命，只会带来增量收益。”

美国记者约翰·霍根是《科学的终结》一书的作者。

纵观历史，在科学与信仰之间，既有合作又有竞争。

观念冲突

科学与哲学之间的鸿沟，正像保罗·费耶阿本德（他的背景和观点稍后详述）在一次题为《如何捍卫社会，反对科学》的演讲中阐释的。

哪一种观点是正确的呢？科学真的是关于宇宙事实的系统拼凑，一个目前看来近乎完成的过程，还是对竞争性思想和理论（另一个说法是政治）无休止的组合与分解？

所有科学理论，更不用说“事实”，都可以从这样或那样的角度进行挑战。无论怎样，先停下来想一想，我们所说的科学事实是什么。最保守的科学家也会接受这样的说法：知识主体与其说是固定在石头上的，不如说是在有机发展的。看起来，就像教科书说的，30年来，每个既成事实都将会改变，例如：宇宙的年龄，它是如何被创造的，生命是如何开始的，DNA如何工作，甚至如何做意大利面……

科学，更多是在选择更加适合我们目的的理论。保罗·费耶阿本德再一次强调：

“无论在哪里，我们看到的科学巨大进步，是由于外部干预。这是在面对最基本、最‘理性’的方法论规则的时候进行的干预。这一教训是显而易见的，用于支持科学在当今社会中发挥特殊作用的单一论据是不存在的。”

——《如何捍卫社会，反对科学》

问题不在于政客在理论中做出了错误选择。更加确切地说，是专家知道几乎所有事情。

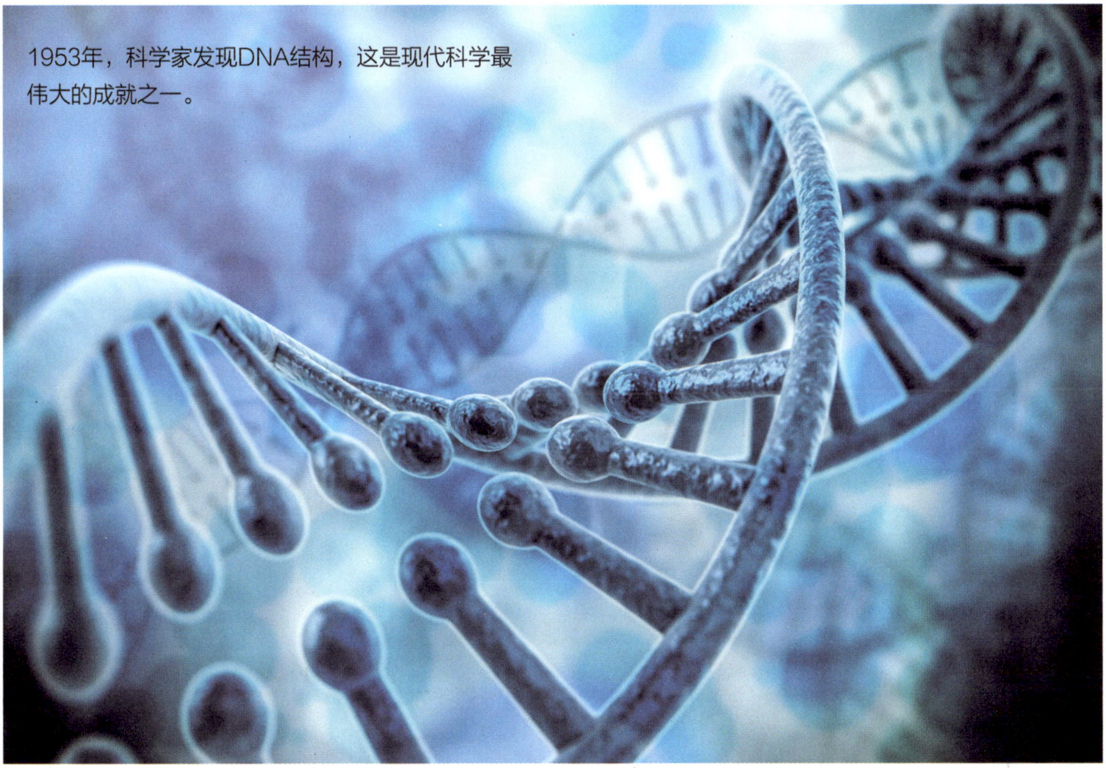

1953年，科学家发现DNA结构，这是现代科学最伟大的成就之一。

这一观点受到“理性主义者”挑战，就像笛卡儿和布莱尼茨，尤其是康德和“古典经验主义者”一样，20世纪30年代的所谓“维也纳学派”复兴和完善了逻辑实证主义。这些人坚持认为，真实的有形的实验必须解决重大科学问题，而不能解决的问题是荒谬的。

与这些观点相反，另一种观点认为，没有所谓“无理论渗透”，即可靠无误的观察，就像经验主义者要求我们的那样；

所有观察都渗透着理论，包括通过扭曲的玻璃（和过滤装置），用预先存在的概念来看世界。

或者，换言之，问题在于（正如休谟指出的），在实验测试层面，没有多少科学结论能够真正通过实证检验。

然而，这一点没有影响到科学体系。相反，科学家们接住了由卡尔·波普尔（1902—1994）抛出的方法论救生圈。卡尔·波普尔通常被视为伟大的科学哲学家

20世纪30年代，维也纳学派定期在维也纳大学会晤。

之一。波普尔认同科学注定要间接通过现有的扭曲理论来感知世界。

然而，他的核心论点完全是苏格拉底式的，即将寻求知识作为一个根除旧理论的过程，目的是创造新的更好的理论。波普尔说：

“测试可以被解释为试图剔除错误理论——找出理论弱点，以便在被测试证伪的情况下拒绝它。

“这种观点有时被认为是自相矛盾的；我们的目标是建立新理论，而不是消除错误理论。但是，仅仅因为我们的目的是尽可能建立理论，我们就必须尽可能严格地检验它们。也就是说，我们必须设法找出其错误之处。

“只有在尽最大努力的情况下，不去伪造，我们才能说它们经受了严格考验。所以，如果没有证实或者证伪，我们发现一个理论或者悖论就毫无意义。这是因为，如果我们不加批判，总能找到我们想要的东西。我们去寻找，去确认，我们对我们喜爱的理论的危险性视而不见。”

持传统观点的科学家，不厌其烦地在现实中通过实验来“检测”（test）自己的观点。波普尔认为，当结果不符合预期的时候，他们应该接受自己的理论被“证伪”（disproven）或者是“伪造的”（falsified）这一事实。这些术语在波普尔1957年出版的《历史决定论的贫困》中得以普及。

然而，对于托勒密体系来说，即天体如何在水晶球上运行的古希腊理论，其本身就是一个“范式”，“证伪”似乎并未发生，更不用说决定一个理论的存在与否了。

相反，每当观测结果表明该理论存在问题时，古人只是简单增加球体数量。而这正好体现了“范式转换”真正对人心理上的影响和其晦涩的概念。

卡尔·莱蒙德·波普尔爵士是出生于奥地利的英国哲学家。

库恩把科学看作“堆起来的建筑”。

击败科学

在1962年出版的里程碑式著作《科学革命的结构》中，托马斯·库恩提供了一种方法来证明科学家实际上忽视了违背事实的证据。

库恩解释，科学共识被人们普遍认可，就像高高在上的坚不可摧的堡垒。但是，这不过是一种假象，拆除这一堡垒甚至不需要一声巨响。

相反，从事科研工作的“做事死板”的科学家们，可能会集体放弃共识。这是因为似乎有更适合他们的理论，或者出于各种各样的原因，这些原因没有一个是特别具有科学性的，更别说给人留下深刻印象了。

在《科学发现的逻辑》一书中，卡尔·波普尔对“常规科学”做了这样的类比：

“科学并不需要依附坚实的基础。其理论结构之大胆，就好像建立在沼泽上。它就像一栋已经在建桩的建筑物……如果我们不再继续推动这个事情，那并不是因为它已经站稳脚跟。我们停下来，仅仅因为我们感到满足。因为这些桩子已经足够坚固，可以支撑结构了，至少目前是这样。”

纵观科学史，我们不难发现，如此类比，可以让我们的思维超越僵化的“规则”或跳出宏大的理论。事实上，在一个个科学领域，突破都是在创造性类比的层面产生的，而非对数据的精准分析和筛选。

例如，最有名的方程式$E=mc^2$，能量等于质量乘以光速的平方，直接而又明显

美国学者侯世达

地类似力学中的更普遍的关系，即动能等于质量乘以速度的平方（尽管除以2）。

侯世达（Douglas Hofstadter）近期提出了这个观点。侯世达是美国的一名“认知科学家”，他在1979年出版的畅销书《哥德尔、艾舍尔、巴赫——集异璧之大成》（*Gôdel, Escher, Bach: An Eternal Golden Braid*）中表示，包括我们认为是硬科学在内的许多领域的“模糊”思考都是至关重要的。

侯世达对托马斯·库恩的正统观点做出了回应，库恩描述的“常规科学”是建立在“科学界知道世界是什么样子”这样一个假设之上的，而在其内部，新思想、新范式或新理论必须被压制，因为它们对人们的基本信仰具有“颠覆性”。库恩认为（在常规科学范畴内）：

“新奇感只会在遇到难题时出现，表现在阻力上。”

他解释，这是因为科学界不需要信仰来支撑，倘若范式对科学探究是必不可少的，就会有这样的结果：

“……如果缺乏可以选择、评估和批评的相互交织的理论和方法论的隐性主体，没有任何自然历史可以被解释。”

我们应该更加深入地回忆一下保罗·费耶阿本德的观点。费耶阿本德是出生在奥地利的美国人，他是活跃于20世纪下半叶的科学哲学家。他以无政府主义科学观闻名，否定存在普遍方法论。他曾经在英国、意大利和瑞士生活，其职业生涯大部分是加州大学的哲学教授，而不是科学家。

费耶阿本德最著名的作品是反对他

保罗·费耶阿本德是加州大学伯克利分校的哲学教授。

所认为的简单科学的论战，如《反对方法》（1975）、《自由社会科学》（1978）和《告别理性》（1987）。

“现在的方法论已经变得如此空洞而复杂，以至于很难察觉基础上的简单错误。这就像与九头蛇搏斗——砍掉一个丑陋的脑袋，八种变体会取而代之。在这种情况下，唯一的答案只能是表面上的。当复杂的东西失去了内容，与现实保持联系的唯一方法只能是粗俗与肤浅。”

费耶阿本德将他与各种各样的“空洞诡辩”的对抗，比作与希腊神话中的九头蛇战斗。

费耶阿本德坚持认为，科学进步，好的科学进步，依赖新奇想法和自由认知。他提醒我们，科学发展往往是由外行推动的。

公平地说，托马斯·库恩（和其他大多数人）也理解“证据”本身并不能决定理论。库恩指出，科学哲学家一再证明，在给定的数据集合上，总是可以存在不止一个理论架构。

这就是说，即使理论存在的问题和缺陷逐渐显现出来，对于科学、宗教、政治等机构而言，“修正”旧理念，或屏蔽掩盖相互矛盾的信息更为容易，而不是放弃固有的正统观念。

然而，另一个库恩（与托马斯·库恩毫无关系），提出了更为具体的问题，即从某种程度上说，是逻辑规则和理性论证方法，构成了人们所持的信念以及做出判断和决定的基础。

此人就是美国现代心理学家与教育学教授迪安娜·库恩（Deanna Kuhn），她认为，“作为论据的思维”隐含在人们所持的信念、做出的判断和得到的所有结论中。

每次做出重大决定时，人们都会产生“争论”。因此，在审视人们的思维时，“争论”应该是我们关心的核心。

换言之，我们应该把思考看作一种论证形式，因为我们的信念是在证据的基础上，从替代品中选择出来的。

然而，库恩的研究使她越来越产生怀疑，个人能够在多大程度上根据证据，而

有些哲学家认为，许多科学理论与其说是基于可以观察的事实，不如说是基于已有的信念。

不是社会压力，来决定自己的信仰。她认为，非常具有讽刺意味的是，身处社会之中，我们花大量时间和精力来确定我们相信什么，知道什么，似乎并不关心我们是如何相信自己所做事情的。

库恩问道：人们是否知道自己为何相信自己的行为，会以某种方式为自己和其他人的行为进行辩解？人们至少知道自己相信什么，从某种意义上讲，是意识到这些信念是自己在许多不同信仰中做出的选择吗？人们是否知道何种证据表明一个信念应当被修改或抛弃？

对迪安娜·库恩而言，答案相当令人震惊。绝大多数人似乎不能，或者不会就自己所持的信仰给出恰当理由和依据。

糟糕的是，当你拿出证据反驳的时候，人们不愿意或者不能够修正自身的信念。她认为，合乎逻辑的论证，至少需要在理论框架和物质证据之间进行区分。

雷蒙德·塔利斯（Raymond Tallis）是一名医学研究者和科学哲学家，她针对迪安娜·库恩的观点提供了一个貌似可行的例子。塔利斯对他所称的“我们对人类理解的达尔文化”和普遍的“神经狂热”感到特别吃惊，他表示最新的大脑科学的用处几乎无处不在，据说可以用来揭示我们的思维方式。

正如迪安娜·库恩指出的，大多数人确信地球绕着太阳运行，却很少有人能够提供好的论据来支持这一点。

宗教和科学观点似乎经常对立。

科学家真的可以洞悉我们大脑中的想法吗？

神经科学是一门新学科。然而，即便是最新的磁共振成像（MRI）“脑部扫描仪”也并非能够实现所有目标。当人们看到“爱人”的图像时，会忘记所有色彩炫丽的照片，因为即便是最好的脑部扫描仪也只能通过检测忙碌的神经元引起的额外血流量，来监测大脑活动。

根据雷蒙德·塔利斯的研究，神经元的活动会持续几毫秒，而检测到的血流变化会延迟2～10秒，所以该方法的准确性应该被质疑。

塔利斯还解释，为辨别血流量的变化，必须激活数以百万计的神经元，精准定位特定区域的想法几乎不可能实现。具体实验多是向受试者展示朋友和恋人的照片，以及扫描大脑显示出的“无条件的爱心点”的“差异”。塔利斯指责这种实验是无稽之谈。

在一个更普通的测试中，受试者被要求轻敲手指。这一测试反映出反复测试结果的相关性非常差，因此无法从实验中推断出任何结果。

目前的医学技术只能揭示大脑运动的一般水平，而非特定神经活动。

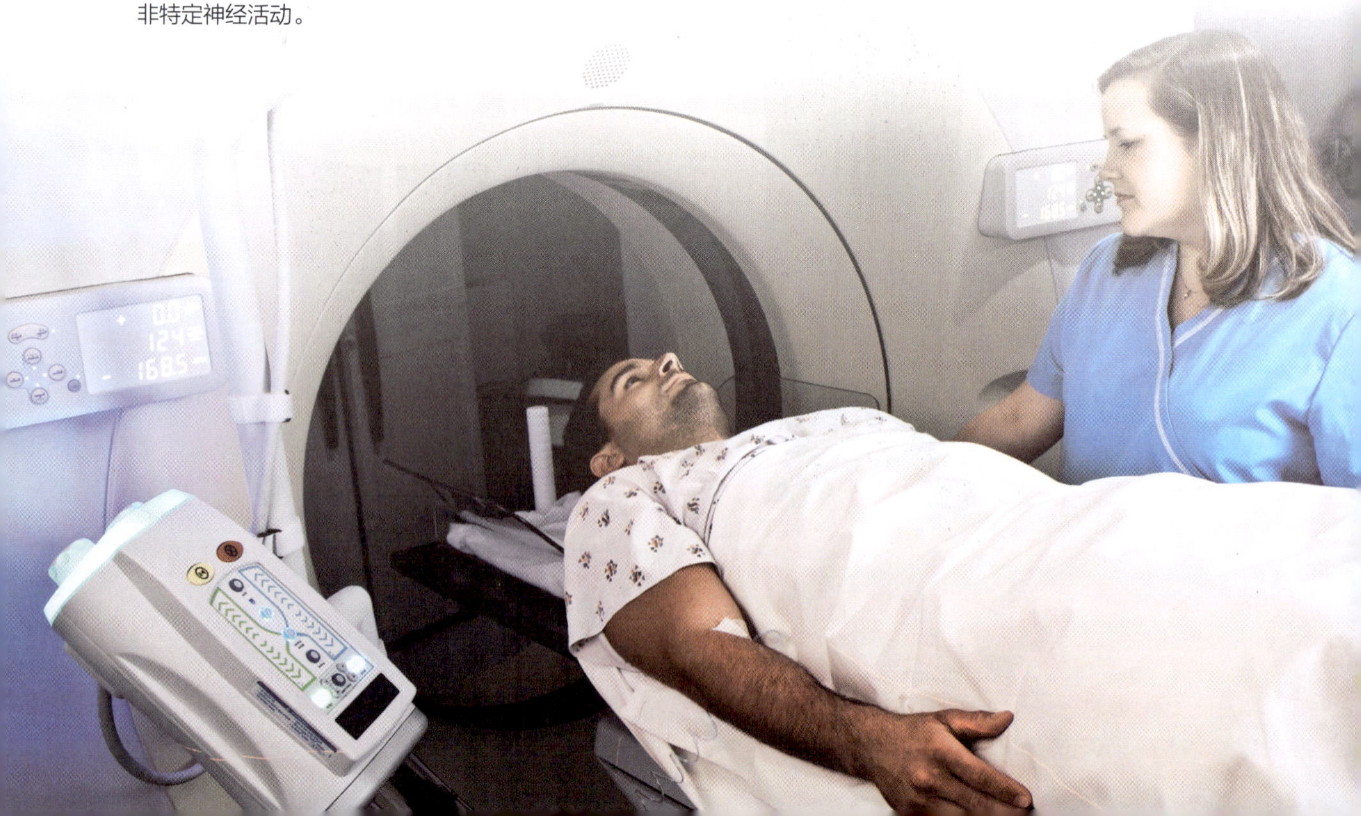

生理学家阿尔布雷希特·冯·哈勒

对我们进行最深的情感扫描可以推断出什么呢?

神经躁狂症患者认为（他们不得不这么做），神经元有一个中央控制者，即在大人里有一个“小人”——类似在数字计算机中运行的程序。

这种想法可以追溯到很久以前，在笛卡儿时期，或者如塔利斯推荐的，就像在生理学家阿尔布雷希特·冯·哈勒（1708—1777）的著作中描述的一样，大脑必定有一个“主要部分”，感知数据在那里被处理，“运动”被启动。

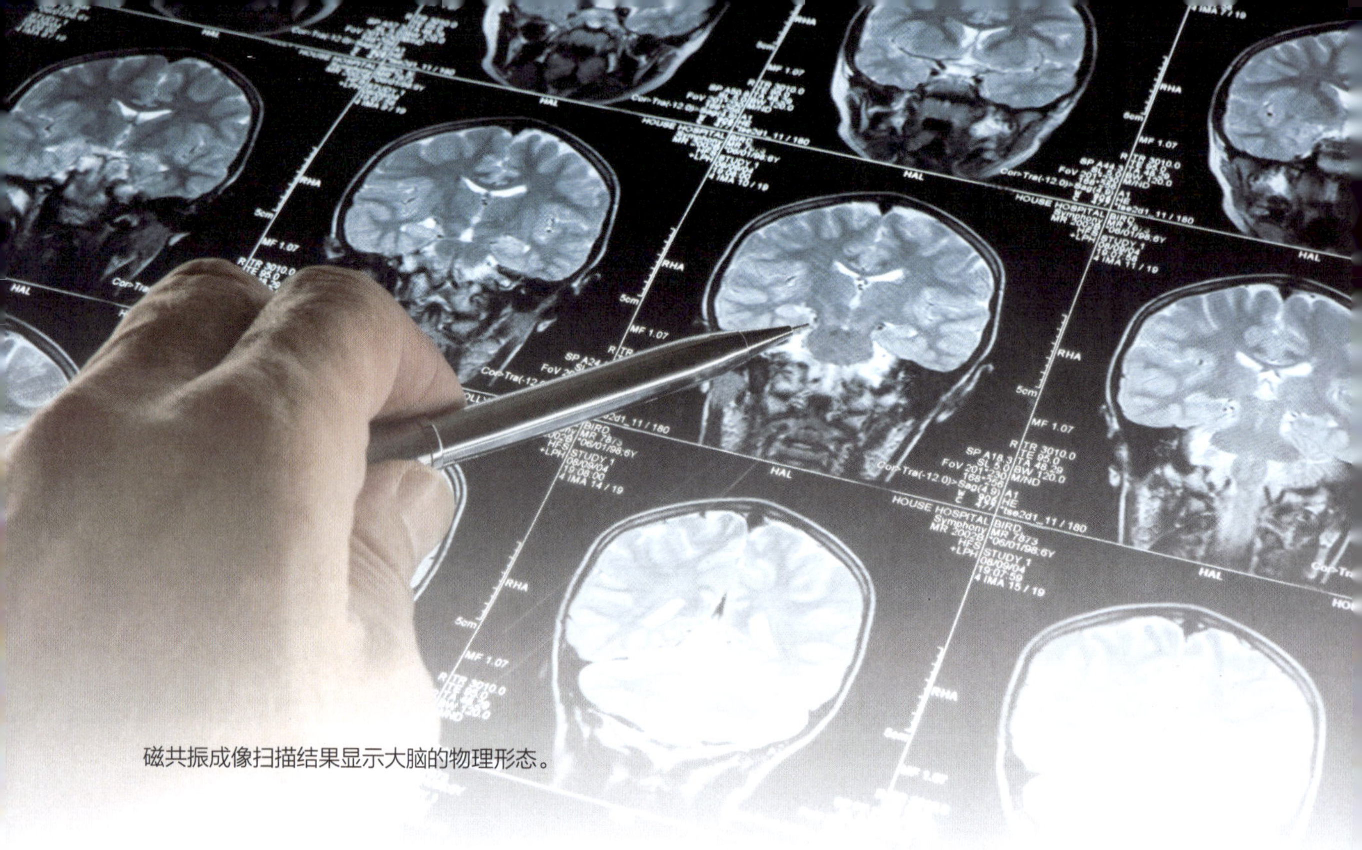

磁共振成像扫描结果显示大脑的物理形态。

这一神话近年来被新技术赋予显著的特质——尤其是功能性磁共振成像（fMRI）。功能性磁共振成像比其他任何方法更加重要，它对大脑功能的分析不仅用于实验室，而且进入广阔的大众科学世界，以至于现在拿起报纸就几乎不可能看不到展示爱、恨或智慧所在的大脑图像。

生理学家本杰明·利贝特（Benjamin Libet）在20世纪80年代进行了惊人的实验（重复实验多次，被媒体赞赏），甚至显示人类大脑做出行动决定，是在意识到它们之前。

报纸评论员可能会急于提问：我们的决定，并非“我们”自己做出的吗？对一些专家来说，只差一小步就可以得出结论，但如果只是一小步，对雷蒙德·塔利斯来说却很难做到。他表示：

“你必须对绝大多数证据相当有抵抗力，才能否认人类大脑是一个经过进化的器官，是经过自然选择和变异形成的。思维不止于此，除非你相信思维是大脑活动

独一无二的结果。”

——《模仿人类》（*Aping Mankind*）

塔利斯提出了一种截然相反的观点：人类大脑是一种不可想象的复杂的神经回路联结。这些神经回路个别或集体以不同方式对各种刺激做出反应。

事实上，它们是一种“刺激的复合体”——这一“刺激”创造了“非线性”的“不可预测的”结果。此外，“现在人们意识到的是，神经元连接在一起的方式会因为经验不同而有巨大变化”。

通过这种论证，神经科学理论不仅导致“自由意志”终结，还必然导致个体的“我”和“自我”意识的终结。

因此，在笛卡儿使自己成为该领域的国王近四百年之后，“自我”被视为纯粹的哲学宣传，并没有最终实现。

塔利斯认为，大脑“难以想象的复杂的”神经回路对刺激的反应方式多种多样。

索引

H

J

K

L

M

N

O

P

Q

T

W

X

Y

Z

致谢

经过许可，本书对下列图表进行了加工，特向作者表示感谢。

以下图片来自公共空间。

p2, p6, p9, p12, p14, p15, p22, p25, p27, p29, p31, p34, p35, p42, p43, p49, p56, p60, p61, p62, p64, p65, p67, p71, p73, p76, p77, p81 (right), p82, p83, p87 (top), p91, p94, p99, p107, p120, p145, p147, p160, p162, p189, p209, p211, p214, p215, p224, p231, p235, p250, p251, p260, p263, p268, p270, p276, p288, p299, p307, p311, p312, p317, p319, p323, p337, p344, p353, p369, p377, p387.

其他图片来自 iStock.com，除非另行标注。

p11 Matt Neale, p24 Bandan, p30 Erlend Bjørtvedt, p41 Tommy Wong, p53 Marie-Lan Nguyen, p55 Steven G. Johnson, p68 Keystone-France, p81 (left) Shutterstock.com, p84 Fb78, p87 (bottom) Sanchezn, p113 Sage Ross, p127 Andrew Dunn, p159 Marcelmulder68, p161 Rama, pp170–171 Vitold Muratov, p178 Andrew Dunn, p179 Fritzbruno, p182–183 NASA, p210 Jerrye & Roy Klotz, p213 David W Rogers, p225 Alex-hello, p230 Christian Bortes, p240 Kyselak, p249 Muesse, p258 www.marxists.org, p259 Diliff, p262 Shutterstock, p264 Shutterstock, p269 Viosan, p272 Simon Lee, p278 Jean-Pierre Dalbéra, p286 Husond, p292 Frank Behnsen, p315 Daderot, p348 Duncan Rawlinson, p363 Lonpicman, p370 UNESCO/Michel Ravassard, p371 Sage Ross, 374–375 Gryffindor, p380 Maurizio Codogno, p381 Charlie Nguyen.